1 MONTH OF
FREE
READING

at

www.ForgottenBooks.com

By purchasing this book you are eligible for one month membership to ForgottenBooks.com, giving you unlimited access to our entire collection of over 1,000,000 titles via our web site and mobile apps.

To claim your free month visit:

www.forgottenbooks.com/free1011511

ISBN 978-0-331-07803-9
PIBN 11011511

Studien zur alttestamentlichen Einleitung und Geschichte.

II. Heft.

Die Bücher Ezra und Nehemia.

Untersuchung
ihres litterarischen und geschichtlichen Charakters

von

Dr. Carl Holzhey.

München, 1902.

Verlag der J. J. Lentner'schen Buchhandlung

(E. Stahl jun.).

Dr. Franz Paul Datterer & Co., G. m b. H., München-Freising.

Die Bücher Ezra und Nehemia.

Patres nostri in monte hoc adoraverunt, et vos dicitis, quia Jerosolymis est locus, ubi adorare oportet.

Joh. IV, 20.

Vorwort.

In gleicher Weise wie in der 1899 erschienenen Untersuchung über das „Buch der Könige" werden im Folgenden die sich zeitlich anschliessenden Bücher „Ezra-Nehemia" behandelt. Eine durchgehende Trennung des rein geschichtlichen Stoffes von der Behandlung der mehr litterarischen Fragen erwies sich aus guten Gründen nicht als durchführbar, doch lassen sich letztere infolge des deutlich kompilatorischen Charakters beider Bücher mit grösserer Bestimmtheit beantworten, als dies beim „Buch der Könige" der Fall war.

Von neueren Arbeiten, die bei der Abfassung des Heftes noch berücksichtigt werden konnten, erwähne ich besonders: Guthe-Batten, The books of Ezra and Nehemiah, Leipzig, 1901; D. C. Siegfried, Esra Nehemia und Esther, Göttingen, 1901; M. Seisenberger, Esdras, Nehemias und Esther, Wien, 1901; Joh. Nikel, Die Wiederherstellung des Jüdischen Gemeinwesens nach dem babylonischen Exil, Freiburg, 1900, und F. E. Gigot, Special Introduction to the study of the old Testament. Part I, New York, 1901. Die beiden zuletzt genannten Arbeiten sind ein höchst erfreulicher Beweis dafür, dass sich die kritische Bearbeitung der Probleme der alttestamentlichen Litteratur gegenüber der nur traditionellen Erklärung mehr und mehr Geltung verschafft, und einen Beitrag in diesem Sinne hofft der Verfasser auch mit dem Folgenden zu bringen.

Passau, 1. Januar 1902.

Carl Holzhey.

Inhalts-Angabe.

§ 1.

1. Allgemeiner Inhalt und Charakter der Bücher Ezra-Nehemia; Schema der Chronologie.

Die Bücher Ezra-Nehemia geben in kurzen Umrissen und zeitlich teilweise ineinandergreifend die Schilderung der Heimkehr der Juden aus dem babylonischen Exil und der Wiederaufrichtung der religiösen und politischen Ordnung, umfassen also im Anschluss an das „Buch der Könige" die Jahre 538 bis etwa 420 v. Chr. Von diesen Vorgängen kommen nun zwar die geschichtlich wichtigsten Ereignisse zu genügender Darstellung, aber sie sind für den Zweck des Verfassers nicht die Hauptsache. Für ihn handelt es sich vielmehr zunächst um den Bau des Tempels und die religiöse Erneuerung und zwar hinsichtlich der Frage, wer diese beiden Ziele gefördert und wer sie gehemmt hat. Und indem nun gerade das Missverdienst der Gegner scharf hervorgehoben wird, gestaltet sich seine Geschichtserzählung mehr und mehr zu dem historischen Nachweis, w a r u m d e r T e m p e l z u J e r u s a l e m d i e e i n z i g e g e s e t z l i c h b e - r e c h t i g t e S t ä t t e d e r w a h r e n G o t t e s v e r e h r u n g i s t , w ä h r e n d d i e P a r t e i , d i e m a n k u r z w e g m i t d e m N a m e n „ S a m a r i t a n e r " b e z e i c h n e n k a n n , s i c h v o n A n f a n g a n s o a l s s e i n e F e i n d e g e z e i g t h a b e n , d a s s i h r A u s - s c h l u s s v e r d i e n t , j a u n w i d e r r u f l i c h g e w o r d e n i s t . Es ist zur richtigen Beurteilung der beiden Bücher durchaus notwendig, diesen hier gekennzeichneten Standpunkt des Bearbeiters zu würdigen und ihn sowohl hinsichtlich der Auswahl des geschichtlichen Stoffes, als auch der Methode der Darstellung stets zu beachten. Viele Schwierigkeiten, und eigentümliche Züge, die sich bei Voraussetzung einer rein historisch-pragmatischen Darstellung ergeben, finden mit obiger Annahme eine befriedigende Erklärung.

Zu den allgemeinen und durchgehends hervortretenden Eigenschaften der Darstellung zählt ferner die Sorgfalt, mit welcher im ganzen Geschichtsverlauf der national-jüdische Charakter der ganzen Bewegung und das Verdienst der eigenen Obrigkeiten in Anregung und Förderung der wichtigsten Vorgänge hervorgehoben werden. Daraus darf man schliessen, dass die Gegner ihre Hauptstütze auf der andern Seite, bei der persischen Regierung, fanden und mit ihrer Autorität ihr Ziel erreichen wollten. Die jerusalemische Partei konnte nun unmöglich offen gegen die staatliche Gewalt, der sie selber ihre Existenz verdankte, auftreten, aber es blieb ihr der Ausweg, diesem Einfluss stillschweigend entgegenzuarbeiten und ihn nach und nach, mit kluger Berechnung der Zeitverhältnisse, in Theorie und Praxis zu eliminieren. In Übereinstimmung mit dieser Taktik zeichnet der Bearbeiter der beiden Bücher die Bemühungen und Ansprüche der Gegner stets als illegitime, er erzählt den Schaden, der durch ihre Bestrebungen gestiftet worden, aber so wenig als möglich von ihren Erfolgen; endlich übergeht er auch regelmässig die Misserfolge, die etwa den Führern der jerusalemischen Partei zur Last gelegt werden könnten, und lässt lieber den Faden der historischen Darstellung gänzlich fallen.

Zur bequemen Orientierung über die Zeitperiode, in welche die in den Büchern Ezra-Nehemia behandelten Ereignisse fallen, seien die Regierungszeiten der gleichzeitigen persischen Könige vorangestellt:

Kyros	558—529 v. Chr.
Kambyses	529—522
Dareios I.	521—485
Xerxes I.	485—465
Artaxerxes I. . . .	465—424
Xerxes II. . . .	424
Sogdianos . . .	424—423
Dareios II. . . .	423—405

Die Eroberung Babylons durch das persische Heer erfolgte 538, das Auftreten des Usurpators Pseudo-Smerdis 522—21, der von Herodot berichtete Aufstand des Feldherrn Megabyzos um 455 v. Chr.

§ 2.

Dekret des Kyros; Zug der Vorhut unter Šešbaṣar.[1]

Mit Fug und Recht steht am Anfang des Buches Ezra gerade jenes wichtige Dokument, auf welchem sich der ganze Verlauf der folgenden Geschichte wie auf seinem Fundament erhebt. „So spricht Kyros, König von Persien: Alle Königreiche der Erde hat mir gegeben Jahve, der Gott des Himmels, und er hat mir aufgetragen, ihm ein Haus zu erbauen zu Jerusalem in Judäa. Wer immer unter euch ist aus seinem ganzen Volke: sein Gott sei mit ihm, und er ziehe hinauf nach Jerusalem in Judäa und baue das Haus Jahves, des Gottes Israels, er ist der Gott, der in Jerusalem ist." Ezr. I, 2. 3.

Dieses Dekret, erlassen im „ersten Jahre des Kyros, Königs von Persien" (538), begründet einen der wunderbarsten Vorgänge in der Weltgeschichte: die Rückkehr einer ganzen Nation in ihr Heimatland nach einem 70 jährigen, gewaltsamen Exil. An seiner Geschichtlichkeit kann nur zweifeln, wer die Thatsache der Heimkehr ebenfalls ablehnt; denn sein Inhalt entspricht in jeder Hinsicht den historischen Voraussetzungen. In dem etwas über- treibenden Ausdruck „alle Königreiche der Erde" spiegelt sich das stolze Siegesbewusstsein des Welteroberers, dem nach der Niederwerfung der Riesenstadt Babylon das Ziel für erreicht

---

[1] Der Name lautete im Babylonischen wohl: Šamaš-abu-uṣur = Sol! patrem protege; vergl. die Namen: Bêl-abu-uṣur, Ninib-abu-uṣur in Hilp- rechts: Cuneiform Texts, Vol. IX. p. 52 sq. Wie der Name mit apil „Sohn" etwa lauten würde, lehrt die Form Tiglat-pil-eser; griechisch ist noch Σας- αβ-ασαρος überliefert. Gegen Guthe-Batten: The books of Ezra and Ne- hemiah in Hebrew. Leipzig, 1901. zur Stelle. — Šešbaṣar ist nicht identisch mit Zerubabel — beide Namen sind gut babylonisch! —, auch nicht mit Senaṣar (= Sin-šar-uṣur, wie: Belšaṣar von Bel-šar-uṣur) gegen Seisenberger: Die Bücher Esdras, Nehemias und Esther. Wien, 1901. p. VI und Ed. Meyer.

gilt; anderseits wird mit der Überlieferung der Aussage: „Jahve hat mir aufgetragen, ihm ein Haus zu erbauen,‟ die jüdische Auffassung vor eine Schwierigkeit gestellt, die durch die gewöhnliche Interpretation, dass alle Mächtigen der Erde nur Werkzeuge in der Hand Jahves sind, zwar gemildert, aber nicht aufgehoben erscheint.

Das Dekret enthält ferner in V. 4, was bisher nicht beachtet wurde, eine weitere Bestimmung, die den Vollzug des Ganzen erst ermöglicht. Denn wenn man auch zugeben kann, dass die jüdischen Exulanten in Babylon sich im allgemeinen in erträglicher Lage befanden, zu einem Teil sogar zu Wohlstand und Reichtum gelangt waren, so muss es doch für gewiss gelten, dass die Masse des Volkes arm geblieben, oder durch die Deportation verarmt war. Selbstverständlich drängten auch diese Besitzlosen mit viel grösserem Eifer als die Gutsituierten[1]) auf Änderung ihrer Lage. Für sie wäre aber die Erlaubnis zur Rückkehr erfolglos geblieben, wenn nicht auch die Mittel zur Ausführung, d. h. der notwendige Bedarf für eine monatelange Reise und für die erste Zeit der Ansiedlung angewiesen wurden. Darum sieht das königliche Dekret die Leistungen von Geld, Proviant und Vieh vor und legt sie in summarischer, aber nicht ungerechter Weise auf diejenigen, welchen die nunmehr abziehenden Juden Frohndienst geleistet hatten: „Und einen jeden, der übrig geblieben, sollen an allen den Orten, wo dieser (als Fremdling) geweilt, die Leute seines Ortes unterstützen mit Silber und Gold und Habe und Vieh, neben dem Geschenk für das Haus des Gottes, der in Jerusalem ist.‟ Ezr. I, 4. Dem Sieger Kyros stand es zu, die heimkehrenden Juden für mehr als 60 jährige Frohnarbeit wenigstens einigermassen schadlos zu halten.[2])

---

[1]) Man denke an die beträchtlichen Unterstützungen, welche die Nichtheimgekehrten den Notleidenden zu Jerusalem auch später noch gewähren konnten, sowie an das Verhalten der Leviten, die überhaupt nur schwer zur Rückkehr zu bewegen waren.

[2]) Die „Leute seines Ortes‟ können nicht Juden sein, schon weil Kyros gar nicht weiss, ob überhaupt solche zurückbleiben werden. Dass ausser der

Ausserdem traf der König noch folgende Anordnungen.
Durch seinen Schatzmeister Mithredat [1]) soll der gesamte Tempelschatz, den einst Nebukadneṣar in Jerusalem geraubt, wieder
zurückgegeben werden. Es waren im ganzen 5400 goldene und
silberne Gefässe und Geräte,[2]) die dem von Kyros bestellten
Führer des Zuges ausgehändigt wurden. Aber auch der Tempelbau selber sollte — und musste wohl — in der Hauptsache aus
den Mitteln des Königs bestritten werden; darum bestimmt der
König selbst seine Ausmasse und Bauart: „Seine Höhe soll
60 Ellen betragen und seine Breite 60 Ellen. Schichten[3]) von
Quadersteinen (habe er) drei, und Schicht von Holz eine.“
Ezr. VI, 4.

Aus der Art und Weise, wie die einzelnen Bestimmungen
je nach Erfordernis angeführt werden, lässt sich abnehmen, dass
weder Kap. I noch Kap. VI das g a n z e Dekret wiedergegeben
ist. Die Befehle über den Abzug der Juden, über die zu ge-
währende Beihilfe u. s. w. mussten notwendig zu Handen des persischen Zugführers sein, ebenso der Befehl zur Auslieferung der
Tempelgeräte zu Handen des persischen Schatzmeisters. Dass
die Urkunde, welche das Mass der Leistungen zum Baue fest-
setzte, im Archiv zu Ekbatana hinterlegt wurde, ist ausdrücklich berichtet, Kap. VI, 2. Es werden also die einzelnen Bestimmungen auf v e r s c h i e d e n e, wenn auch zum Teil gleich-
lautende Schriftstücke zurückzuführen sein.[4])

---

von Kyros diktierten Auflage noch „freiwillige“ Gaben gespendet wurden,
ist ausdrücklich hervorgehoben. Von den babylonischen Landeseinwohnern
versteht den Text auch D. C. S i e g f r i e d: Esra, Nehemia und Esther.
Göttingen, 1901. S. 19; anders S e i s e n b e r g e r: a. a. O. S. 3.

[1]) Persisch Mithra-data „Von Mithra geschenkt“.

[2]) Darunter goldene und silberne אֲגַרְטְלִים, vielleicht κρόταλα?

[3]) Stockwerke, oder „Lagen“.

[4]) Hiemit stimmt im allgemeinen auch die Ansicht J. N i k e l s überein:
„Entweder wurden alle diese Verfügungen sofort einzeln abgefasst, oder es
wurde zunächst ein Edikt ausgearbeitet, in welchem alle Gnadenerweise des
Königs erwähnt waren, und auf Grund dieses Generaldekrets wurden alsdann
die Einzelverfügungen ausgearbeitet.“ Die Wiederherstellung des jüdischen
Gemeinwesens nach dem babylonischen Exil.“ Freiburg, 1900. S. 35.

Aber auch der Ausdruck dieser Bestimmungen, die, wie aus I, 1 hervorgeht, **mündlich** und **schriftlich** bekannt geworden waren, scheint nicht ganz unverändert wiedergegeben zu sein. In überaus eindringlicher Weise wird der Gedanke, dass der Tempel Gottes nur in Jerusalem und dass Gott nur in diesem Tempel sei, in allen drei Versen miterwähnt; aber auch im ersten Satze, den der Verfasser nach dem Edikte niederschreibt, findet sich wieder die gleiche Wendung „zu bauen den Tempel des Herrn, der zu Jerusalem ist", V. 5. Diese grosse Vorsorglichkeit zur Vermeidung einer Missdeutung ist bei Kyros nicht wahrscheinlich, beim Verfasser aber aus dem ganzen Zweck seiner Arbeit deutlich ersichtlich. Auch der dem Kyros gegebene Titel: König von **Persien**, weist mit Sicherheit auf eine spätere Zeit, da er in andern, gleichzeitigen Denkmälern noch König von Anzan oder Elam genannt wird.[1]

Sachlich aber steht das Dekret in vollem Einklange sowohl mit den gegebenen historischen Verhältnissen, als auch mit deren Darstellung durch den Verfasser. Und als erste und notwendig vorauszusetzende Folge desselben erscheint eine das Durchziehen und die Ankunft des grossen Zuges vorbereitende Expedition, nach I, 11 geführt von dem persischen Bevollmächtigten Šešbaṣar.

Wenn man nicht die Angabe, dass unter Zerubabel etwa 25 000 Juden in ihre Heimat zurückkehrten, im vorhinein als unmöglich bezeichnet,[2] so muss man mit den Bedingungen rechnen, unter welchen ein solches Riesenunternehmen ins Werk gesetzt werden konnte. In der summarischen Darstellung in Ezra I und II folgt zwar der Zug ohne Erwähnung der Art und Weise seiner Ausführung auf das Dekret, das ihn befiehlt. Trotzdem ist aber die Vorstellung, dass die 25 000 ohne weiteres

---

[1] A. H. Sayce: Alte Denkmäler im Lichte neuer Forschungen. Leipzig, o. J. S. 179. — Anders M. Seisenberger: a. a. O. S. 1.

[2] Dies hat, angeregt von A. van Hoonacker, W. H. Kosters gethan, dem sich Wildeboer, Torrey und Cheyne in der Hauptsache anschlossen. Dagegen trat zuerst J. Wellhausen auf, sowie die grosse Mehrzahl der Kritiker, siehe J. Nikel: Die Wiederherstellung des jüdischen Gemeinwesens S. 33 f. Siegfried: a. a. O. S. 12 f. Seisenberger: p. VI.

aufgebrochen und nach Jerusalem gekommen seien, um die Stelle der bisherigen Ansiedler einzunehmen, aus mehr als einem Grunde unmöglich. Denn, um mit dem Letzten zu beginnen, die Leute, die sich in der Gegend von Jerusalem seit zwei Menschenaltern ansässig gemacht hatten, waren zum Teil wohl selbst Juden, die der Deportation einst auf irgend eine Weise zu entgehen gewusst hatten, insgesamt aber in jedem Falle persische Unterthanen, unter der gleichen Obrigkeit stehend und den gleichen Schutz geniessend wie die Ankömmlinge selbst. Die Notwendigkeit einer Auseinandersetzung über die Eigentumsverhältnisse liegt auf der Hand, weiterhin auch, dass zur Ordnung dieser jedenfalls schwierigen Angelegenheit zunächst der von Kyros bevollmächtigte Fürst Šešbaṣar berufen war.

Auch die grosse Karawane der Heimkehrenden darf nicht dem Zug eines Kriegsheeres in feindlichem Lande verglichen werden. Bei den 25 000 befanden sich Frauen, Kinder und Greise; sie waren auf den Fussmarsch angewiesen, denn die wenigen Last- und Reittiere[1]) mussten für Proviant, Gepäck und Marschunfähige beansprucht sein. Der Zug konnte sich nur langsam, abteilungsweise und auf einem Wege, der vorher mit Verpflegsstationen versehen worden war, bewegen. Für all dieses die notwendigen Vorkehrungen zu treffen war der Lage der Dinge nach ebenfalls Aufgabe Šešbaṣars.

Unter Berücksichtigung dieser Verhältnisse sowie der kurzen Angaben in Ezr. I ergibt sich etwa Folgendes als erste Wirkung des königlichen Dekretes. Nach Empfangnahme des jerusalemischen Tempelschatzes begibt sich zuerst Šešbaṣar auf den Weg und trifft zugleich Vorsorge für die allmählich nachrückenden Züge. Er selbst ist nach I, 5 schon begleitet von einer Anzahl angesehener Juden, Ältester Priester und Leviten, die eifrig und zugleich bemittelt genug waren, um sofort ans Werk zu gehen. In Jerusalem angekommen, vermittelt Šešbaṣar die Auseinandersetzung mit den bisherigen Bewohnern[2]) und beginnt, in Aus-

---

[1]) Nach den Angaben Ezr. II, 64 ff. treffen auf 42 Personen 1 Pferd (oder Kamel) und 6 Esel (oder Maulesel).

[2]) Dass sie alle abziehen mussten, braucht man durchaus nicht anzunehmen.

führung des königlichen Dekretes, zugleich mit den Anstalten zum Wiederaufbau des Tempels. Zwar wird diese seine Thätigkeit in der Darstellung übergangen, aber sie ist doch gesichert. Denn es wird berichtet, dass die Juden wenigstens in späterer Zeit kein Bedenken trugen, ihn direkt als den ersten Gründer des Tempels in den Vordergrund zu stellen. Ezr. V, 16 wird nämlich von dieser Zeit gesagt (Kyros sprach zu Šešbaṣar): „Nimm diese Geräte — und es werde das Haus Gottes gebaut an seinem Orte! Also kam damals dieser Sešbaṣar und legte den Grund zum Tempel Gottes in Jerusalem." Auch ist aus den Mahnworten der Propheten abzunehmen, dass der Bau unter anderm auch aus Mangel an Beiträgen ins Stocken geriet, d. h., dass die zuerst gespendeten Gaben schon verbraucht waren.[1])

Über einen weiteren Erfolg der Thätigkeit Šešbaṣars und über sein Ende wird nichts berichtet. In Hinsicht auf die auch sonst zu beobachtende Gepflogenheit des Verfassers darf man aus diesem Umstande wohl schliessen, dass das Wirken Šešbaṣars seinen Beifall nicht gefunden hat. Dagegen kann die persische Regierung mit ihm nicht unzufrieden gewesen sein, weil sie abermals einen Juden und zwar einen Neffen Šešbaṣars, Zerubabel, zu seinem Nachfolger bestimmte.

---

[1]) Agg. I, 4.

§ 3.

Der Zug Zerubabels und sein erstes Auftreten.

In der grossen Karawane, in welcher die Hauptmasse der Exulanten zum Heimatlande zurückkehrte, lag die Rolle des Führers in den Händen Zerubabels.[1]) Als Neffe Šešbaṣars und Abkömmling des Davidischen Hauses war er in diese Stellung gelangt, und nach seiner Ankunft in Jerusalem konnte er sich ohne Widerspruch in ihr behaupten.[2]) Ihm wird das Verdienst des Heimzuges im ganzen zugeschrieben, wenn es Ezr. II, 2 heisst: (Diese sind es) „die mit Zerubabel kamen". Und während von der Thätigkeit Šešbaṣars in Jerusalem nichts verlautet, wird über sein Wirken in anerkennendster Weise berichtet.

Wann der von Zerubabel geführte Zug in Jerusalem eintraf, ist nicht genau anzugeben. Unter den Exilierten selbst war erklärlicherweise die Begeisterung am Anfang am grössten, so dass sie mehr als notwendig kaum gezögert haben werden. Immerhin ist eine Reisedauer von 5—7 Monaten für Zerubabels Zug als erforderlich anzunehmen. Sofort nach seiner Ankunft in Jerusalem führt Zerubabel den amtlichen Titel eines persischen Statthalters: Tirschata. Ezr. II, 63.

Seine Thätigkeit trägt von Anfang an, wenigstens nach der Darstellung des Verfassers, den Charakter strenger, zur Exklusivität geneigter Gesetzmässigkeit. Seine erste Sorge ist die genaue, offizielle Registrierung der heimgekehrten Exulanten nach Zahl, Familien und Geschlechtern. Diejenigen, die ihre Abstammung nicht zugleich schriftlich nachweisen können, werden

---

[1]) Zêru-Babili = Germen Babylonis.

[2]) Dass Šešbaṣar gerade zur rechten Zeit starb, ist möglich, aber nicht gewiss.

2

ausgeschlossen und verlieren ihre Vorrechte, II, 59 ff. Die einzige rechtmässige Obrigkeit bilden die aus dem Exil gekommenen zwölf Ältesten mit den Priestern und Zerubabel. Demnach scheinen die noch vorhandenen Teile der Bevölkerung von jedem politischen Einfluss ausgeschlossen und auch nicht in das von Zerubabel stammende Verzeichnis aufgenommen worden zu sein. Eine doppelte, tiefgehende Wirkung war die Folge dieser Massregel.

Ein nicht unbeträchtlicher Teil schloss sich, ohne vorerst weitere Ansprüche zu erheben, der exklusiven Partei an.[1]) Dies geht daraus hervor, dass die Gesamtsumme, samt den Sklaven, mit rund 50 000 angegeben ist, während die Einzelposten der namentlich aufgeführten Geschlechter nur rund 30 000 betragen. Diese später Hinzugerechneten werden zum Teile neue Ankömmlinge aus Babylonien gewesen sein, zum Teil aber waren es Leute vom „Volk des Landes", wie man die frühere Einwohnerschaft nunmehr benannte. Dies findet sich ausdrücklich bezeugt anlässlich der Einweihung des Tempels, wo es heisst: „Und es assen das Pesach die Söhne Israels, die zurückgekehrt waren aus der Gefangenschaft, und alle, die sich abgesondert von der Unreinheit der Völker des Landes, um zu suchen Jahveh, den Gott Israels." Ezr. VI, 21. Ihnen wurden gleiche Rechte alsbald bewilligt, denn in späterer Zeit ist von einem Unterschied innerhalb der „Gola" nichts bekannt.

Ein anderer Teil aber, der diesen Ausschluss als Zurücksetzung und Kränkung empfand, leistete den Bestrebungen Zerubabels Widerstand. Die Kraft hiezu fanden sie nicht bloss in sich selbst, sondern hauptsächlich auch bei den Vertretern der persischen Regierung in Samaria. Als man nun in Jerusalem daranging, einen Brandopferaltar zu errichten, da sich die Vollendung des ganzen Tempels so bald nicht erwarten liess, gingen sie zu offener Feindseligkeit über, um sich die gleichberechtigte Teilnahme zu erzwingen. Dies ergibt sich aus dem Berichte Ezr. III, 3: „Und sie errichteten den Altar auf seinen Grundlagen, obwohl

---

[1]) Vor allem die bloss aus formellen Gründen ausgeschlossenen Priester und Laien, deren Ausschliessung jedenfalls „bloss eine vorläufige war", Siegfried: a. a. O. S. 26.

Anfeindung geschah wider sie von den Völkern der Lande." [1]
Aber die Partei der Exulanten unter Zerubabel war diesmal
mächtig genug, um den Ausschluss des „Volkes des Landes" auf-
recht zu erhalten. Der Brandopferaltar wurde vollendet, das
beständige Morgen- und Abendopfer eingerichtet und zum erstenmale das Fest der Laubhütten feierlich begangen. Ezr. III, 4.

Dieser erste Erfolg ermutigte Zerubabel zu weiterem Vorgehen. Auch der Tempel sollte um jeden Preis alleiniges Eigentum der Gola sein, und um das um so sicherer zu erreichen,
auch ihr alleiniges Werk. Was bisher geschehen, wird als null
und nichtig erklärt; solange der Grund zum Bau nicht von der
rechtmässigen Obrigkeit gelegt und geweiht ist, ist er noch nicht
gelegt. [2] Neue Opfer werden gebracht und alle Kräfte angespannt,
um den Bau mit einem grossartigen Einweihungsfeste in Gang
zu bringen, im Jahre 535. Ezr. III, 7—13. Aber das „Volk des
Landes" war auf der Hut. Nicht leichten Kaufes wollten sie des
Rechtes am Bauen und damit an der Benützung des fertigen
Tempels verlustig gehen. Sie wendeten sich also abermals an
Zerubabel und seine Partei, um ihn durch den Vorhalt ihrer Recht-

---

[1] Die weitschweifige Textherstellung bei Guthe-Batten z. St. ist über-
flüssig; es scheint viel eher ein zur Korrektur übergeschriebenes ‬ב‬ in den
Text geraten zu sein, also ‬איכה‬ für ‬אימה‬ beabsichtigt, während ‬באימה‬
entstand. Vielleicht war die feindliche Stellungnahme eines grossen und be-
güterten Teils der Landbevölkerung Ursache, dass der Tempelbau so ins Stocken
geriet und ein Provisorium geschaffen werden musste. — Die Grundlegung
des Brandopferaltars wird nach 537 möglich gewesen sein; Siegfried: a. a. O.
S. 2. —

[2] Wenn Šešbaṣar den Schutt abräumen, Baumaterial herbeischaffen und
die Arbeit an irgend einer Stelle hat beginnen lassen, so konnte Zerubabel
immerhin noch die Feier der Grundsteinlegung inscenieren; warum gerade auf
diesen formellen Vorgang soviel Gewicht gelegt wurde, ergibt sich nach
obiger Darstellung. Der Verfasser von Ezra III aber folgt billigend seiner
Absicht und sagt darum: „Und der Tempel Jahves war noch nicht begründet."
V. 6. — Den gleichen Sprachgebrauch in Anwendung auf einen schon bestehenden Tempel bietet eine Inschrift Tiglatpilesers I.: „Dieser (verfallene)
Tempel — ward nicht gebaut, 60 Jahre wurden seine Fundamente nicht gelegt (uššu-su ul innadû)." — Fr. Delitzsch: Assyrische Lesestücke. IV. Aufl.
Leipzig, 1900. S. 51.

gläubigkeit und gemeinschaftlichen Opferübung — „denn wir suchen euern Gott wie ihr" — zur Nachgiebigkeit zu bewegen. Zerubabel aber weist sie definitiv ab: „Unmöglich könnet ihr und wir bauen das Haus für Jahveh unsern Gott, denn wir wollen allein bauen." Ezr. IV, 3.

Die Gründe, die den Führer der Exulantenpartei bestimmten, hier in so schroffer Form zu versagen, was anderwärts vielfach gewährt wurde, sind nicht bekannt; vielleicht vermutete er Mangel an Aufrichtigkeit bei den Bittstellern. Jedenfalls war der Erfolg dieser Strenge ein überraschender: das „Volk des Landes", erkennend, dass durch Unterhandlung nichts zu erreichen sei, griff zur Gewalt und behielt die Oberhand. „Und es hinderten die „Völker des Landes" die Hände des Volkes Juda und verstörten sie am Bauen." Ezr. IV, 4.

Diese Störung dauerte viele Jahre, während der ganzen Regierung des Kyros und Kambyses „bis zum zweiten Jahre der Regierung des Dareios, Königs von Persien", Ezr. IV, 24, also bis 519 v. Chr. Es erhellt ohne weiteres, dass ein so gewaltsamer Eingriff in den Machtbereich Zerubabels nicht möglich war ohne stillschweigendes Einverständnis des persischen Machthabers in Samaria.[1]) Aber die „Völker des Landes", die sich dessen Gunst erfreuten, waren gewiss nicht bloss Abkömmlinge assyrischer Kolonisten und Bewohner von Samaria, sondern wohnten auch bei und in Jerusalem. Es waren die Leute, mit deren Töchtern sich zahlreiche Anhänger der Exulantenpartei verheirateten. Zerubabel unterlag ihrem Einfluss nicht bloss in Jerusalem, sondern auch am persischen Hofe, und sah sich eine Reihe von Jahren zu erfolglosem Zuschauen genötigt.

---

[1]) Der oberste persische Beamte regierte in der Hauptstadt von Abar-Nahara, in Damaskus; von ihm ist aber nirgends ausdrücklich die Rede. Vergl. Siegfried, S. 38.

§ 4.

Zerubabels zweites Auftreten; die Vollendung des Tempels.

Der Hauptgrund, weshalb wenigstens in späterer Zeit so bittere
Vorwürfe gegen das „Volk des Landes" erhoben wurden, war sein
Vorgehen am persischen Hofe, zunächst beim Unterstatthalter in
Samaria. Mit ganz besonderer Sorgfalt werden in den Büchern
Ezra-Nehemia die Nachrichten und Beweise zusammengestellt,
wie durch ihre Schuld das heilige Werk des Tempelbaues ge-
fährdet und verzögert wurde und wie feindselig sie jederzeit
gegen Juda-Benjamin auftraten. Um den Eindruck des Fehl-
schlags zu mildern, mit welchem der erste Versuch Zerubabels
thatsächlich endigte, häuft der Berichterstatter diese Anklagen,
indem er zeigt, wie von der Zeit des Kyros bis herab auf
Artaxerxes intriguiert wurde. Drei solcher Aktionen, wodurch
die Gola in Jerusalem ohne ihre Schuld zur Unthätigkeit gezwungen wurde, werden angeführt. Die erste schliesst sich an
den eben erwähnten Aussperrungsversuch Zerubabels Ezr. IV, 5.
Die zweite fällt in die Regierungszeit des Xerxes: „Und zur
Zeit der Regierung des Achasveros, im Anfang seiner Regierung
schrieben sie eine Anklage gegen die Bewohner Judas und
Jerusalems." V. 6. Die dritte endlich vollzog sich „in den
Tagen des Artachšasta". V. 7.[1])

Aus diesen wiederholten Bemühungen geht zunächst hervor,
dass auch die Exulantenpartei nicht müssig war, sondern jeweils
wieder zu Einfluss und Ansehen gelangte. Ihr erster Erfolg,
unter Darius, war die Vollendung des Tempels. Es können sich
also die Anklagen der Gegner in späterer Zeit nicht mehr auf

---

[1]) Unter ihm erfolgten zwei Anklagen: die erste von Bišlam und Ge-
nossen, die zweite von Rechum; letztere wird ausführlich mitgeteilt Ezr. IV, 8.

diesen Punkt beziehen. Aber ihr Hass und ihr verderbliches Bestreben bleiben sich gleich: es lässt sich aus einem bezeichnenden Vorgang späterer Zeit ersehen, mit welchen Mitteln sie von jeher gearbeitet haben. Ein Brief, den die samaritanische Partei an Artaxerxes gerichtet hat, ist auf irgend einem Wege, wahrscheinlich bei einem abermaligen Umschlag der Strömung, nach Jerusalem gelangt. Sein Inhalt beschuldigt die Juden hochverräterischer Bestrebungen : „Deshalb thun wir dem König zu wissen, dass, wenn diese Stadt gebaut und ihre Mauern vollständig ausgeführt werden, du alsbald keinen Besitz mehr in Abar-Nahara[1]) haben wirst." V. 16. Der Zweck des Briefes wird schnell und vollständig erreicht. Der König schenkt den Angaben Glauben und gibt den Entscheid: „Deshalb gebet Befehl, zu hindern jene Männer, und es soll diese Stadt nicht gebaut werden, bis von mir Befehl gegeben worden ist." V. 21. Die Abschrift des Briefes wird dem Kanzler Rechum vorgelesen, und nun „zogen sie in Eile nach Jerusalem zu den Juden, und hinderten sie mit thätlicher Gewalt." V. 23.

Indem der Verfasser den dokumentarischen Beweis dieser Umtriebe seinem Buche einverleibt, will er die Nachwelt überzeugen, mit welchem Rechte das Band zwischen der Gola und dem „Volk des Landes" für immer zerschnitten ist. Die Leute, die sich so an der Existenz des Tempels und der Stadt versündigt, können auf keine Volks- oder Religionsgemeinschaft mehr Anspruch haben. S e i n e Ansicht ist deutlich die, dass ihre Feindschaft von Anfang an sich in der gleichen Form ge-

---

[1]) Diesen Namen führt Kanaan als persische Provinz. — Der Text in den einleitenden Bemerkungen zu Bišlams und Rechums Schreiben scheint etwas in Unordnung zu sein, aber die Annahme K u e n e n s, es sei überhaupt ein anderes Schreiben wiedergegeben, Hist. krit. Einleitg., deutsch v. Th. Weber, Leipzig, 1890. I, 2. S. 107, ist unbegründet. — Man braucht auch bei richtiger Erkenntnis der Absicht des Schriftstellers ihm nicht den „grandiosen Irrtum" zuzumuten, er habe den Mauerbau s t a t t des Tempelbaues herangezogen, noch eine Vertauschung der Königsnamen, die W i n c k l e r im allgemeinen und S e i s e n b e r g e r an dieser Stelle (irrtümlich stehe Artaxerxes für Kyros) befürwortet a. a. O. S. 19. Dem widerspricht die klare Kenntnis der richtigen Reihenfolge: Kyros-Dareios-Xerxes-Artaxerxes, Ezr. IV, 5 ff. und anderwärts.

äussert hat; darum billigt er sichtlich Zerubabels schroffes Vorgehen, und darum verschlägt es ihm auch nichts, dass der Beweis, den er liefert, einer späteren Zeit angehört, als die Vorgänge,
die er eben behandelt hat, und dass er sich genau genommen
auch auf einen andern Vorgang bezieht. Denn seine Darstellung
ist hier erst bei den Gründen der Verzögerung des Tempelbaues
angelangt, der Brief aber handelt vom Bau der Stadtmauern.

Diese Anticipation hat bei der Kritik vielfach Anstoss erregt und die verschiedensten Erklärungen hervorgerufen, ist aber
sicher auf nichts anderes als auf die oben geschilderte Tendenz
des Schriftstellers zu gründen. Weil eben die samaritanische
Partei jetzt und seit Menschengedenken und, wie Zerubabels
Urteil beweist, schon bei der Tempelgründung durch ihre Verleumdungen und durch offene Gewalt der Sache des Judentums
feindlich war, darum trägt sie auch die Schuld der langen, sonst
schwer zu erklärenden Verzögerung des Tempelbaues. „Alsdann wurde eingestellt die Arbeit am Hause Gottes zu Jerusalem,
und sie blieb eingestellt bis zum zweiten Jahre der Regierung
des Dareios, Königs von Persien." V. 24. Mit diesem Ergebnis
kehrt der Schriftsteller zu dem Punkte zurück, von dem er ursprünglich ausgegangen war, dass nämlich das „Volk des Landes"
Ratgeber dingte wider die Juden, „um ihren Plan zu vereiteln
alle Tage des Kyros, Königs von Persien, und bis zur Regierung
des Dareios, Königs von Persien." V. 5.

In der langen Zeit, während welcher der Tempelbau nach
dem ersten kurzen Betriebe ruhte, kam Zerubabel zur Erkenntnis,
dass er den Widerstand des „Volkes des Landes" nicht über-
winden könne, solange sie sich auf den persischen Regierungs-
vertreter in Samaria stützen durften. Er musste darum versuchen, diesen entweder für sich zu gewinnen oder wenigstens
zu neutralem Verhalten zu bewegen. Dass dieser Versuch gemacht wurde und zwar mit günstigem Erfolge, zeigt deutlich
der weitere Verlauf der Dinge.

Als nämlich den massgebenden Kreisen in Jerusalem die
Zeit gekommen schien, um einen neuen Vorstoss zu wagen, er-
gab sich, dass nunmehr neben dem eifersüchtigen Widerstand des

„Volkes des Landes" noch ein neues Hindernis erwachsen war: die Gleichgültigkeit und Lauigkeit innerhalb der eigenen Partei. Die üblen Erfahrungen beim ersten Versuch zur Absonderung, sowie die fortdauernde Vermischung durch Ehen mit den Töchtern des „Volkes des Landes" hatten den Eifer der Mehrzahl der Exulanten so abgeschwächt, dass es ernster und wiederholter Mahnungen der Führer und insbesondere der Propheten Haggai und Zakarja bedurfte, um den Bau 519 wieder in Gang zu bringen. Ezr. V, 1. 2.

Das „Volk des Landes" versäumte nicht, sofort entgegenzuarbeiten, aber diesmal ohne Erfolg. Denn seine Hauptstütze, der Unterstatthalter von Samaria, zu dieser Zeit ein Perser mit Namen Tattenai, war, wie sich aus seinem Verhalten deutlich ergibt, schon von Zerubabel gewonnen worden. Er erscheint zwar auf die erhobenen Beschuldigungen hin alsbald in Jerusalem, wagt auch nicht die Sache persönlich zu entscheiden, aber der Bericht, der von ihm an den königlichen Hof gesandt wird, kann nicht wohl anders als zu Gunsten der Jerusalemer Partei beantwortet werden. Umständlich wird auf den Gnadenerlass des Kyros Bezug genommen und seine Freigebigkeit gerühmt; mit kluger Berechnung wird hier der vom Perserkönig selbst aufgestellte Šešbaṣar in den Vordergrund geschoben, so dass der Tempel eigentlich als Gründung des persischen Königshauses erscheint; die ganze Angelegenheit ist eine unpolitische, nur religiöse — „wir sind Diener des Gottes[1]) Himmels und der Erde und bauen ein Haus" —, von dem Streite mit dem „Volk des Landes" wird geschwiegen und hochverräterische Bestrebungen ebenfalls mit keinem Worte erwähnt. Wenn also Tattenai das Schreiben in dieser Fassung an Dareios sandte, V, 6, so musste er im vorhinein der Sache der Gola günstig gesinnt sein; denn er hätte ebensogut statt des Ediktes von Kyros etwa das Ezr. IV, 5 erwähnte Verbot des Bauens als Grundlage wählen können.

---

[1]) So nach M T. — Die Einschaltung von κτίσαντος in G ist abhängig von der Übersetzung κυρίου = Gott, und darum nicht ursprünglich. „Herr des Alls", „König der Erde" (šar kiššati, šar mâtâti) sind schon Titel babylonischer (nunmehr persischer) Machthaber.

Der Bescheid vom Hofe des Dareios ist, wie vorauszusehen, ein überaus günstiger. Nicht nur wird das Dekret des Kyros repristiniert, sondern auch neue Gnadenerweise werden gewährt. Vom königlichen Schatze sollen aus der Steuer der Provinz Abar-Nahara Beiträge zum Tempelbau gegeben werden, ebenso der Bedarf an Vieh, Getreide, Wein etc. für die Opfer. Diese Opfer werden nach VI, 10 dem „Gott des Himmels" dargebracht, und die Juden „sollen flehen für das Leben des Königs und seiner Kinder". VI, 10. Darum bedeutet eine Störung des Tempels und seiner Opfer einen Angriff gegen das Heil des Königs und wird wie Hochverrat bestraft. Um die überaus scharfe Sprache, die in VI, 11. 12 geführt wird, zu erklären, reicht indes der oben angegebene Grund nicht aus.

In der Fassung dieser Strafandrohungen schimmert vielmehr der tiefgründige Hass durch, der das spätere Judentum gegen das „Volk des Landes" erfüllte. Der Wunsch, „Gott verderbe jeden König und jedes Volk, welches ausstreckt seine Hand zu verkehren (und) zu zerstören jenes Haus Gottes in Jerusalem", VI, 12, ist im Munde des Dareios undiplomatisch und nimmt versteckterweise auf Thatsachen Bezug, die Dareios offiziell nicht kennt: denn er ist befragt worden, ob der Tempelbau gestattet werden könne. Endlich weist die Formel: „Der Gott, der seinen Namen daselbst wohnen liess" mit Bestimmtheit auf einen Sprachgebrauch, der zwar dem Buche Ezra-Nehemia,[1] nicht aber dem persischen Hofe geläufig war. Aus dem allen ist zu schliessen, dass wie beim Dekret des Kyros so auch hier die Persönlichkeit des Schriftstellers auf die jetzige Fassung mit eingewirkt hat.

Das „Volk des Landes" war also für diesmal unterlegen, aber die Niederlage war eine sehr glimpfliche. Es ist wohl zu beachten, wie das Benehmen und das Schreiben Tattenais es durchaus vermeidet, den Gegnern des Tempelbaues irgendwelche Ungelegen-

---

[1] Neh. I, 9. — Ezr. I, 5. — Vgl. diese Redensart in Deut. XVI, 6 und im „Buch der Könige" Heft I S. 59 Ziff. 14. — Ed. Meyer: Die Entstehung des Judentums, Halle, 1896, bemerkt zur Stelle: „Hier hat ein jüdischer Eiferer seinen Gefühlen freien Lauf gelassen"; auch Seisenberger gibt jüdischen Einfluss auf die Fassung zu: a. a. O. S. 29.

heiten zu bereiten. Der ganze Vorgang wird auch nach i h r e r
Seite hin ziemlich harmlos dargestellt; sie erlangen gewisser-
massen als eifrige Hüter der königlichen Vorrechte einen günstigen
Rückzug. Der Grund hiefür liegt ohne Zweifel in ihrer fort-
dauernd mächtigen und einflussreichen Stellung, mit welcher man
rechnen musste, auch wenn man nicht alle Wünsche erfüllte.

Die Exulantenpartei aber ging mit neuem Eifer und — dank
der Freigebigkeit des Perserkönigs — auch mit neuen Mitteln
an die Fortsetzung des Baues. In vier Jahren ward der Tempel
soweit hergestellt, dass er feierlich eingeweiht werden konnte
„bis auf den dritten Tag des Monats Adar, das ist das sechste
Jahr der Regierung des Königs Dareios“, VI, 15 (= 515 v. Chr.).
So hatte nun Zerubabel seine Niederlage wett gemacht, indem
es ihm gelang, nicht bloss den Tempel fertigzustellen, sondern ihn
auch der Gola als alleiniges Eigentum zu vindizieren.

Gewiss wurden durch diesen augenfälligen Fortschritt die
Hoffnungen der Jerusalemerpartei neu belebt und viele Anhänger
für ihre Sache gewonnen.[1] Aber trotzdem konnte es den Führern
unmöglich unbewusst bleiben, wie unsicher das Fundament war,
auf welches der ganze bisherige Erfolg sich stützte. Weniger
mochte es noch stören, dass der Tempel seine Grundlegung, seinen
Bau und seine Vollendung der Gunst persischer Könige verdankte,
die man als unveränderlich zu erwarten gewiss keinen Grund
hatte. Aber auch noch von der Stimmung des persischen Unter-
statthalters sich abhängig zu fühlen, in dessen Gutdünken es
lag, den Scharen der „Völker des Landes“ die Strasse nach
Jerusalem und den Weg zum Tempel, der doch auch von ihren
Beiträgen hergestellt war, jederzeit freizugeben, das war mehr,
als sich mit Gleichmut ertragen liess. Nun schliesst allerdings
die Darstellung an diesem Punkte c. VI, 22 mit der Hervor-
hebung der freudigen Stimmung, die zu Jerusalem herrschte,
„weil Jahveh sie erfreuet und ihnen zugewendet hatte das Herz
des Königs von Assur“,[2] aber was in der langen Zwischenzeit

---

[1] Vgl. VI, 21 „und alle, die sich abgesondert von der Unreinigkeit der
Völker des Landes“.

[2] D. h. des nunmehr über Assur regierenden Perserkönigs (Dareios).

von der Tempeleinweihung bis zum Auftreten Ezras, wo der Faden der Erzählung erst wieder aufgenommen wird, vor sich gegangen ist, das kann, nach den zuletzt vorhandenen Zuständen zu urteilen, in der Hauptsache nichts Erfreuliches gewesen sein. Der Schriftsteller geht nach seiner gewöhnlichen Methode schweigend darüber hinweg; er berichtet weder von weiteren Bestrebungen Zerubabels, noch auch, was besonders auffällt, von seinem Ausgange, obwohl mit ihm der letzte Davidische Thronprätendent ins Grab sank. So kann man nur annehmen, dass Zerubabels letzte Bestrebungen missglückten und sein eigenes Schicksal zum mindesten kein günstiges war. Als wahrscheinlich darf gelten, dass bei dem Versuche, die Stadt nun auch mit festen Mauern zu umgeben, um sie und den Tempel dadurch gegen das „Volk des Landes" endgültig sicherzustellen, sich das Misstrauen der persischen Regierung wieder regte. Zerubabel muss vom Schauplatz verschwinden, die Gola verliert Einfluss und Macht, während das „Volk des Landes", durch dessen Umtriebe vielleicht jener Verdacht erst hervorgerufen wurde, triumphiert.

Ein weiterer Versuch des Mauerbaues fällt in die Zeit des Xerxes, ein dritter in die Zeit des Artaxerxes. Die Art und Weise, wie es dem „Volke des Landes" gelang, diesen letzteren zu vereiteln, veranschaulicht der vom Verfasser aufgenommene Brief des Rechum, Ezr. IV, 7. Da aber auch in diesem Falle das Unternehmen eingestellt wurde, ohne das von besonderen Gewaltthätigkeiten die Rede ist, so scheint das politische Übergewicht des „Volkes des Landes", welches Ezra bei seiner Ankunft vorfindet, später hauptsächlich auf friedlichem Wege, durch die Lässigkeit der Gola, sowie durch die zahlreichen Eheschliessungen mit Töchtern samaritanischer Abkunft veranlasst worden zu sein.

§ 5.

Der Zug Ezras und sein Versuch, die fremden Weiber zu vertreiben.

In den ersten Jahren der Regierung Artaxerxes' I. gelang es Ezra, einem noch in Babylon lebenden, angesehenen und von Eifer für die Sache des Judentums erfüllten Manne, eine neue Karawane zur Heimkehr nach Jerusalem zu organisieren.[1] In richtiger Beurteilung der Verhältnisse suchte er den sicheren Boden für das ganze Unternehmen dadurch zu gewinnen, dass er sich zuerst am persischen Hofe in Gunst setzte. Wie erfolgreich er in diesem Punkte war, beweist das Ezr. VII, 12—26 überlieferte Dekret, in welchem nicht bloss die Erlaubnis des Kyros wiederholt, sondern abermals neue Gnaden erwiesen werden. Wiederum erhält die königliche Kasse der Provinz Abar-Nahara die Anweisung, für die Bedürfnisse des Tempeldienstes aufzukommen „bis auf 100 Talente Silbers und bis auf 100 Kor Weizen, und bis auf 100 Bat Wein, und bis auf 100 Bat Öl, und Salz ohne Vorschrift". Ezr. VII, 22. Alle am Tempel Beschäftigten von den Priestern bis herab zu den Tempelsklaven sollen ohne Steuern und Abgaben bleiben; ausserdem erhält Ezra die Erlaubnis zu einer Sammlung, zu welcher nicht bloss die noch immer zahlreich vorhandenen Juden, sondern auch der König und seine Räte beisteuern. Am wichtigsten für die Sache der Gola sind die Bestimmungen, wodurch sich Ezra freie Hand verschafft, um die Ordnung und Obrigkeit am Tempel und damit in Jerusalem

---

[1] Zwischen der letzten Nachricht und dem Auftreten Ezras liegt also ein Zeitraum von etwa 60 Jahren (516—458); so auch Siegfried, S. 49; Nikel, S. 172.

nach seinem Wunsch zu gestalten. Diese entscheidende Vollmacht wird ihm gewährt mit den Worten: „Denn du bist gesandt vom Angesicht des Königs und seiner sieben Räte, zu untersuchen Juda und Jerusalem nach dem Gesetze deines Gottes, das in deiner Hand ist." Ezr. VII, 14. Gewiss hat es Ezra, wie er übrigens V. 27. 28 selbst andeutet, genug Mühe gekostet, den König in dieser Weise für sein Vorhaben zu gewinnen, aber man sieht auch, dass es die einzige Möglichkeit war, um in Jerusalem eine Änderung der Dinge zu bewirken.

Nunmehr ging er erst daran, die Karawane zu sammeln. Auch sie zeigt in ihrer Zusammensetzung deutlich, worauf Ezras Hauptabsicht gerichtet war. Unter den ca. 1500 Personen, die sich auf seine Aufforderung am Flusse Ahava in Babylonien zusammenfinden, sind verhältnismässig viele Tempelsänger, Thürhüter, Priester und „Fürsten der Priester".[1]) Und als es sich herausstellt, dass sich von den Leviten und Tempelsklaven niemand eingefunden hat, da verschiebt Ezra lieber den Aufbruch der ganzen Karawane, bis es ihm gelungen ist, durch eigene Gesandtschaften noch vier Levitenfamilien (42 Personen) und 220 Tempelsklaven zum Anschluss zu bewegen. Denn gerade durch eine grosse Zahl vom Tempeldienst unmittelbar abhängiger Parteigänger hoffte er seinen Plan zu verwirklichen. In fünf Monaten erst erreichte seine Karawane das Ziel, trotz mancher auf dem Wege drohenden Gefahr. Ezr. VIII, 31.

In Jerusalem angelangt übergibt Ezra zuerst die mitgebrachte Tempelsteuer und bringt ein feierliches Brandopfer dar. „Und sie übergaben die Befehle des Königs den Satrapen des Königs und der Regierung von Abar-Nahara, und sie hoben das Volk und das Haus Gottes." V. 36. Worin diese „Hebung" und „Belehrung" (VII, 25) näherhin bestand, wird nicht angegeben, ist aber aus dem Folgenden zu erschliessen. Gestützt auf seine weitgehende königliche Vollmacht gelang es Ezra, nach einem klug ausgedachten Plane, zunächst den Tempel ganz in seine

---

[1]) Von den „Fürsten der Priester" werden nach c. VIII, 24 zur Bewahrung des Tempelschatzes zwölf „abgesondert".

Gewalt zu bekommen und ihn durch eine zahlreiche Besatzung[1]) der Exulantenpartei einmal definitiv zu sichern. Damit war von selbst ein neuer Aufschwung der ganzen Gola, die durch Ezras Karawane auch numerisch verstärkt wurde, gegeben. Das „Volk des Landes" verhielt sich zunächst abwartend, unterliess aber nicht, den persischen Unterstatthalter in Samaria für sich zu gewinnen.

Nach den ersten Erfolgen glaubte Ezra ein weiteres Ziel in Angriff nehmen zu dürfen. Da der Einfluss des „Volkes des Landes" zum grossen Teile sich mit den Ehen ausbreitete, die fortwährend[2]) zwischen seinen Töchtern und der Gola geschlossen wurden, sollte diese Quelle der Zwietracht durch ein radikales Verbot solcher Ehen verstopft werden. Aus der Mitte der Führer seiner Partei heraus lässt Ezra diesen Antrag an sich gelangen und bringt ihn, ausschliesslich die religiösen Motive betonend, zur allgemeinen Annahme. Das volle Einverständnis der übrigen Führer seiner Partei und die Zustimmung des ganzen Volkes, die auf einer allgemeinen, für diesen Zweck einberufenen Versammlung gewonnen wurde, zeigen, welchen Anklang sein Plan fand. Nichtsdestoweniger ist es aber vielleicht nicht Zufall, wenn Ezra selbst sich c. IX, 12 noch mit der Norm für die Zukunft begnügt: „Darum nun sollt ihr eure Töchter nicht geben ihren Söhnen, und ihre Töchter sollt ihr nicht nehmen für euere Söhne, und sollt nicht ihren Frieden suchen und ihr Glück auf ewig", während am Tage der Entscheidung selbst Sekanja, der Sohn Jechiels, in wesentlich schärferer Form verlangt: „Und nun lasset uns einen Bund schliessen mit unserm Gott, hinauszutreiben alle die fremden Weiber und die Kinder von ihnen." X, 3. Der Bericht lässt nicht undeutlich erkennen, wie sich Ezra nur schweren Herzens zu dieser verhängnisvollen Massregel entschliesst, ja fast geschoben werden muss. „Steh' auf, dir steht die Sache zu, und wir werden mit dir sein, sei stark und thue es", X, 4, drängt ihn der Eifrige. Die Gründe, weshalb Ezra auch in diesen Vor-

---

[1]) Die mitgebrachten 220 „Tempelsklaven" dürften wohl hauptsächlich diesen Dienst gehabt haben, da die Opfer vorher auch ohne sie von statten gingen; ebenso die Sänger und die Thürhüter.

[2]) Auch von der Karawane Ezras finden sich Namen in der Liste der Übertreter.

schlag einwilligte, sind nicht näher bekannt, jedenfalls konnte
ihm die damit verbundene Gefahr nicht verborgen bleiben.[1])

Anfangs schien es, als würde die Austreibung in ihrer vollen
Schärfe durchgeführt werden können. Am 20. Tage des neunten
Monats versammelten sich „alle Männer Judas und Benjamins"
auf dem Platze vor dem Tempel und gelobten feierlich, sich ab-
zusondern „von den Völkern des Landes und von den fremden
Weibern". Es wurden zwei angesehene Männer aufgestellt, um
die notwendigen Nachforschungen zu überwachen, während alle,
die fremde Weiber genommen hatten, sich in festgestellter Frist
bei der Obrigkeit ihrer Stadt selber melden mussten. In etwa
zwei Monaten ward eine genaue Liste sämtlicher Übertreter an-
gefertigt,[2]) und obgleich sich zeigt, dass sie nicht bloss im gemeinen Volke, sondern auch unter den Priestern und Leviten
sich finden, ja „dass die Hand der Fürsten und Obrigkeiten zuerst bei diesem Frevel war", IX, 2, müssen alle geloben, ihre
Weiber zu verstossen. Aber wenn sich auch innerhalb der
Exulantenpartei kein offener Widerspruch bemerklich machte,
so ist doch nicht der geringste Zweifel darüber möglich, dass
das „Volk des Landes" die beabsichtigte Massregel als eine
schwere Herausforderung empfinden musste, die ruhig hinzunehmen
sie nur völlige Ohnmacht hätte zwingen können. Wahrschein-
licherweise hat gerade dieser Versuch Ezras die bestehenden
Verhältnisse wesentlich geändert. Denn bisher hatte die samaritanische Partei, obwohl fast immer in der Oberhand, doch die
Ansprüche des Tempels und Jerusalems gelten lassen und nur die
Versuche, die auf Verweigerung der Anteilnahme zielten, vereitelt.[3])

Dieser neue Vorstoss der Gola überzeugte aber das „Volk
des Landes", dass auf einen friedlichen Ausgleich nimmer zu

---

[1]) Vier einflussreiche Männer wagten es sogar, offen gegen diese
Massregel aufzutreten, Ezr. X, 15, aber ohne Erfolg.

[2]) Sie ist in das Buch Ezra aufgenommen und umfasst 114 Namen.

[3]) Das Wort „So wie ihr, suchen wir euern Gott", Ezr. IV, 2, zeigt
ein grosses Entgegenkommen der Samariter, die auch um diese Zeit, jedenfalls v o r dem oben erwähnten Schritte Ezras, den Pentateuch als Gesetzbuch
von den Juden übernahmen. — Die „Völker der Länder" zu verstehen als
„Heiden, wie sie in den Ländern um Palästina wohnten", S e i s e n b e r g e r,

hoffen war. Zwar gibt der Schriftsteller auch von den nunmehr folgenden unglückseligen Ereignissen keinen näheren Bericht, aber die Erwähnung ihrer Folgen lässt sie unschwer erraten. Gestützt auf den persischen Unterstatthalter trat die samaritanische Partei gegen Ezra mit Gewalt auf, entweder um die Ausführung seines Planes zu hindern, oder doch, um die erlittene Schmach zu rächen.[1]) Es kam zu einem schweren Zusammenstoss, in dem die Gola abermals alles bisher Errungene verlor; das Blut, das bei dem erbitterten Kampfe floss, fachte die Flamme des Hasses zur Unversöhnlichkeit für immer an. Zwar schützte die Autorität des persischen Königs den Tempel, der auf seinen Befehl und mit seinen Mitteln gebaut war, vor der Vernichtung, und auch Ezra muss sich auf irgend eine Weise in Sicherheit gebracht haben, aber die Stadt und das Volk fühlten die schonungslose Faust des Siegers. „Der Rest, der übrig geblieben ist dort von der Gefangenschaft in dem Bezirke, ist in grosser Trübsal und in Schmach, und die Mauern Jerusalems sind zerstört und ihre Thore verbrannt mit Feuer."[2]) Neh. I, 3. Das war das Endergebnis der vieljährigen Bestrebungen Ezras und seiner Gola, und es ist leicht einzusehen, warum der Verfasser das Buch schliesst, ohne den Ausgang der begonnenen Massregel zu berichten.

S. 48, ist nicht möglich. Es ist allerdings in der Form „archaistischer Stil", wenn die „Völker der Länder" mit wohlbeabsichtigter Ausführlichkeit immer wieder bezeichnet werden als „Kanaaniter, Hittiter, Perizziter, Jebusiter, Ammoniter, Moabiter, Aegypter und Emoriter", Ezr. IX, 1; aber in der Sache eben ein Ausdruck des Hasses, den übrigens nicht alle teilten. Anders Siegfried: a. a. O. S. 62.

[1]) „Durchgreifenden Erfolg hatte demnach der Eifer des Esdras bezüglich der gemischten Ehen nicht", urteilt auch Seisenberger, S. 56.

[2]) Es scheint also, dass Ezra auch den Bau der Mauern unternommen hat, womit der Statthalter sehr leicht sein Verhalten vor dem Könige begründen konnte. Nach dieser Schilderung muss ein grosser Teil der Gola getötet, als Sklaven verkauft oder doch vertrieben worden sein, da nur mehr ein „Rest" vorhanden ist. Bei dieser Gelegenheit wurden von dem erbitterten „Volk des Landes" vielleicht auch die heiligen Schriften in Jerusalem verbrannt, die Ezra der Überlieferung zufolge erst später wieder unter Beihilfe von fünf Männern hergestellt hat. Nach koptischen Berichten war es der Engel Uriel, „welcher bei dem gerechten Propheten Ezra war und ihn die verborgenen Geheimnisse lehrte". Synaxarium II, S. 266.

§ 6.

Der Zug Nehemias und die Herstellung der Stadtmauern.

Nochmals sollte die fast erlöschende Hoffnung der Exulantenpartei durch die Thatkraft eines führenden Mannes aufgerichtet
werden: durch Nehemia, den Mundschenken des Königs am persischen Hofe zu Susa. Wie einst Zerubabel und Ezra, so wusste
auch Nehemia die unumgängliche Vorbedingung, sich der Gunst
bei Hofe zu versichern, zu erfüllen. Da zwischen der Katastrophe
zu Jerusalem 458 und dem Erscheinen der jüdischen Abordnung
vor Nehemia 446 zwölf Jahre liegen,[1]) so wird Nehemia erst in
dieser Zwischenzeit zu jener einflussreichen Stellung sich emporgearbeitet haben, in welcher er die Augen der zur Ohnmacht
verurteilten Gola in Jerusalem auf sich zog. Es ist bezeichnend
für den Zustand und die politische Bedeutung Jerusalems um
diese Zeit, dass Nehemia in seiner Bitte an den König, ohne
zunächst den Namen zu nennen, redet von der „Stadt des Begräbnisses seiner Väter", Neh. II, 3, die in Judäa liegt. Nach
seiner Darstellung handelt es sich darum, eine politisch fast
unbekannte Provinzstadt aus Gründen der Pietät gegen schonungslose Ausplünderung durch räuberische Nachbarn zu schützen.
Diese Bitte versagt ihm der König nicht; unter militärischer
Bedeckung und mit königlichen Vollmachten wohl versehen wird
Nehemia auf eine bestimmte Zeit vom Hofe entlassen. Zuerst
wendet er sich nach Samaria, um sich beim dortigen Unterstatthalter des Königs zu legitimieren und die Lieferung der

---

[1]) „Es klafft hier eine Lücke von 12 Jahren und 8 Monaten. Siegfried, S. 70.

3

vom König bewilligten Beisteuer zu bewirken.[1]) Schon hier in
Samaria erregt die Nachricht von seiner Ankunft und seinen
Plänen die Aufmerksamkeit der Gegner, als deren Führer San-
ballat und Tobia genannt werden; „und es erregte ihnen grossen
Schmerz, dass jemand gekommen war zu fördern das Heil den
Söhnen Israels". Neh. II, 10.

In Jerusalem angelangt überzeugte sich Nehemia vom Stand
der Dinge, ohne vorerst jemand in sein Vertrauen zu ziehen, da
es ein Teil der Gola offen mit dem „Volke des Landes" hielt.
Wie er das „Begräbnis seiner Väter" geordnet, ist nicht erwähnt,
wohl aber, dass er sofort den Zustand der Stadtmauern unter-
suchte und hierauf eine Versammlung der Vornehmen, der Priester
und der Obrigkeit berief. Sein Vorschlag, sofort mit aller Kraft
an den Mauerbau zu gehen, um sich dadurch endlich einmal dem
Drucke des „Volkes des Landes" entziehen und die längst be-
absichtigten Reformen einführen zu können, wurde angenommen.
Die ganze Strecke wurde in mehr als 50 Lose geteilt, die von
den sich meldenden Freiwilligen je nach Kräften übernommen
wurden.

Als das Werk begann, glaubte die Gegenpartei unter Sanballat, Tobia und Gesem, es werde nicht bloss über die Kraft des
geschwächten Volkes gehen, sondern auch jederzeit durch das
bewährte Mittel der Verdächtigung wegen Hochverrat vereitelt
werden können. Aber Nehemia hatte seine Massregeln besser getroffen als seinerzeit Ezra. Am königlichen Hofe zu Susa blieb
seine Stelle unerschütterlich, der Statthalter zu Samaria war
durch das königliche Schreiben gebunden, vielleicht auch, wie
seine Beteiligung am Baue zeigt, von Nehemia persönlich gewonnen, es blieb also nur das gewaltsame Mittel des Hand-
streichs übrig. Als die Mauer sich zur Hälfte erhob, wollten
die Gegner es damit versuchen. Aber die Juden wurden von

---

[1]) Die Beisteuer für den Tempel scheint sich auf Wiederherstellung der
zerstörten Thore und Aussenwerke, die man sich wohl als Bollwerke denken
muss, zu beziehen; auch eine Partie der Stadtmauern übernimmt der Statthalter auf seine Kosten. Neh. III, 7.

ihren Parteigängern rechtzeitig gewarnt und standen zur Abwehr bereit: durch Überraschung und ohne schweren Kampf war das Ziel nicht mehr zu erreichen. Weiteres aber verbot die Rücksicht auf den König und die persische Regierung, und so zogen sich die Samaritaner ohne Kampf zurück.

Aber noch war nicht jede Gefahr überwunden. Die äusserste Anstrengung, mit welcher der Bau von der ohnedies geschwächten und erschöpften Bevölkerung betrieben wurde, sowie der Umstand, dass Nehemia auch die verfügbaren Leute, Freie und Sklaven, vom Lande in die Stadt gezogen hatte, um die Wachen zu verstärken, führten zu einer allgemeinen Notlage. Es gab kein Getreide mehr für Brot, kein Geld, um auch nur die der persischen Regierung zu entrichtenden Steuern zu bezahlen, und so musste der ärmere Teil der Bevölkerung nicht bloss seine Äcker und Weinberge verpfänden, sondern die Verzweiflung trieb sogar dazu, die eigenen Söhne und Töchter zu verkaufen. Und dabei gab es noch reiche Leute in Jerusalem, die das Elend wucherisch auszubeuten verstanden. Schon erhob sich ein allgemeines Murren, doch wusste der thatkräftige Nehemia auch diese drohende Katastrophe abzuwenden. Er berief eine grosse Versammlung, in welcher er die „Vornehmen und die Obrigkeit" Neh. V, 7 dahin brachte, in eine ziemlich weitgehende Seisachthie einzuwilligen. Die verpfändeten Ländereien mussten freigegeben und sogar die abgepressten Zinsen wieder erstattet werden, V, 11. So wurde das Volk wieder leistungsfähig, und der Bau der Mauern konnte weitergeführt werden.

Kurz vor ihrer Fertigstellung, als nur mehr die festen Thore einzuhängen waren, machten die drei Anführer des „Volkes des Landes" nochmals einen Versuch, das nunmehr schon gefährlich scheinende Werk zu vereiteln. Offener Angriff schien nicht mehr rätlich, darum gebrauchten sie den Vorwand eines Bündnisses, um Nehemia selbst in ihre Gewalt zu locken. Aber der Mundschenk am Hofe des Königs durchschaute die wahre Absicht ihrer öfteren Einladung und lehnte sie in höflicher Weise jedesmal ab. Auch als Sanballat mit der Drohung der Denunziation hervortrat und schreiben liess: „Unter den Völkern hört man

und Gašmu[1]) sagt es: Du und die Juden, ihr gedenkt euch zu
empören, darum bauest du die Mauer, und du wirst ihr König
sein", Neh. VI, 6, verharrte er bei seiner Weigerung. Gefährlicher
als diese Drohungen war für Nehemia die Thatsache, dass ein
Teil der vornehmsten Juden offen mit den Führern der Gegenpartei Freundschaft hielt und dass sogar „Propheten", durch
Geld gewonnen, für die Samaritaner wirkten, 'VI, 14. Aber Nehemia hielt auf seinem Platze aus, bereit, auch sein Leben für
seine Sache zu wagen. So gelang es, nach 52 Tagen[2]) das heiss
begehrte Werk glücklich zu beenden, die Thore wurden einge-
hängt, der Wachdienst geregelt, und um vor nächtlichem Über-
fall geschützt zu sein, blieben die Thore von Abend bis Morgen
ganz gesperrt.

Dank der Vorsicht, Klugheit und Ausdauer des Nehemia
vollendete sich damit eine Aufgabe, die seit der Rückkehr unter
Kyros den Weiterblickenden als notwendig erschienen war. An
Wichtigkeit übertraf sie vielleicht sogar den Tempelbau, denn
es war, wie die Erfahrung zeigte, leichter, ohne Tempel und
Opfer für eine Hoffnung der Zukunft zu leben, als Land und
Tempel mit solchen zu teilen, die sich, ohne ihre eigenen Ab-
sichten aufzugeben, als „Brüder" aufdrängten. Nunmehr war ein
fester Mittelpunkt geschaffen, von dem aus eine stetige Entwicklung möglich war; erst durch Nehemia wurde der Tempel
mit allem, was er für das jüdische Volk bedeutete, dem Einfluss
der „Völker des Landes" endgültig entzogen, und das Streben
nach möglichster politischer Selbständigkeit und strenger religiöser
Abschliessung konnte beginnen. Dass in erstgenannter Richtung
vorerst keine Übereilungen geschahen, verhinderte die Einsicht
und die Festigkeit Nehemias.

---

[1]) = Gesem, der Araberfürst.

[2]) Diese auffallend kurze Frist deutet darauf hin, dass streckenweise
wohl die alten Fundamente noch zu benützen waren; auch erreichten diese
Mauern gewiss weder an Umfang noch an Festigkeit das Mass der früheren,
doch war dies im Laufe der Zeit leicht nachzuholen.

§ 7.

Nehemias politische und religiöse Reformen.

Nachdem endlich Sicherung vor dem äusseren Feinde erreicht war, ging das nächste Streben Nehemias dahin, die politische Einheit des Volkes, die durch die langdauernde Mischung mit anders gearteten Elementen gelitten hatte, wieder herzustellen und zu festigen. Von dem Grundsatz ausgehend, dass die eigentliche Gemeinde nur aus wirklichen Exulanten und deren Nachkommen bestehe, befahl er eine allgemeine Zählung des Volkes, bei welcher sich jedes Mitglied der Gemeinde über seine Zugehörigkeit zu einer Familie der „Gola" zu legitimieren hatte.[1] Als Grundlage diente das Verzeichnis des Zuges Zerubabels als „das Buch der Zählung (die zuerst Heraufgekommenen)", Neh. VII, 5,[2] doch können die unter Ezra und in sonstigen Karawanen Folgenden ihrer Rechte nicht verlustig geworden sein.

Dem letzten Bearbeiter des Buches Nehemia stand nach VII, 69 der weitere Text nicht mehr zur Verfügung, denn hier klafft ein bedeutende Lücke. Der Zusammenhang fordert eine Erwähnung der Gola Ezras, sowie aller übrigen als legitim befundenen Mitglieder der Exulantenpartei, denn aus diesem Grunde war offenbar die ganze Zählung veranstaltet worden.[3]

---

[1] Diese Legitimation konnte ohne Zweifel durch unbedingten Anschluss, Verschwägerung u. s. w. mit den anerkannten Familien geschehen; denn davon, dass jene, die sich zum Judentume „abgesondert" hatten, Bürger zweiter Klasse waren, ist nirgends die Rede.

[2] הָעֹלִים בָּ‎ ist offenbar Glosse, wie Guthe-Batten mit Recht hervorheben. Im „Buche der Zählung" mussten auch die später Gekommenen enthalten sein. Dass hier die ganze Liste Zerubabels wiederholt wird, dürfte auf die Zeit zurückweisen, in welcher das Buch Nehemia für sich allein existierte.

[3] Als Vermutung darf gelten, dass in diesen Listen auch die Namen der Abtrünnigen der Nachwelt überliefert waren, vergl. Neh. III, 5. „Und

Statt dessen gibt V. 70 Nachricht von dem Ergebnis einer Sammlung; es steuerten bei:

der Tiršatha: 1000 Golddariken, 50 Schalen, 30 Priesterkleider und 500 (Silberminen?);

die Fürsten: 20 000 Golddariken, 2200 Silberminen;

das Volk: 20 000 Golddariken, 2000 Silberminen, 67 Priesterkleider.

Es ist nicht unwahrscheinlich, dass Nehemia den durch die Zählung gewonnenen Überblick zuerst zur Erhebung einer Beisteuer für den „Schatz des Werkes", d. h. wohl: Tempel- und Wachdienst benützte, wobei er selbst, wie stets, mit bestem Beispiel voranging. Wenn 1 Golddarike den Einzelbeitrag des gewöhnlichen Mannes darstellt, so hätte um diese Zeit die Anhängerschaft Nehemias etwa die obengenannte Zahl selbständiger und anerkannter Mitglieder erreicht. Der ganze Betrag erscheint in Anbetracht der bisherigen Leistungen sehr hoch, doch ist zu bedenken, dass mit dem Augenblick, wo sich die Thore Jerusalems schlossen und die „Völker des Landes" sich definitiv jedes Anspruches auf den Tempel verlustig sahen, die bisher von dieser Seite fliessenden Beiträge aufhörten.

Eine weitere Sorge für Nehemia war das Heranziehen einer stärkeren Bevölkerung nach der Hauptstadt, deren Zustand nach Vollendung der Mauern beschrieben wird mit den Worten: „Und die Stadt war weit nach allen Seiten und gross, und das Volk wenig in ihrer Mitte, und nicht waren Häuser gebaut" Neh. VII, 4. Auf Grund der Volkszählung wurde nun je der zehnte Mann ausgelost, um in der Stadt zu wohnen; diejenigen, die sich freiwillig dazu verstanden, erwarben sich besonderes Verdienst, XII, 4. Trotzdem betrug nach den Kap. XI gegebenen Zahlen die Einwohnerschaft einschliesslich der Priester, Leviten und Tempel-

neben ihnen bauten die Thekuiter, aber die Vornehmen unter ihnen beugten ihre Nacken nicht unter das Werk ihres Herrn.". Dies war dann ein Grund, diese Listen bei späterem Anschluss einflussreicher Nachkommen für entbehrlich zu finden.

sklaven nur etwa 4500 Männer.¹) Aber auch die Priester und
Leviten wohnten nicht alle in der Stadt; die „Sänger" hielten
sich in der Nähe, denn „sie bauten sich Höfe in der Umgebung
von Jerusalem", Neh. XII, 29.

Als Abschluss der Thätigkeit Nehemias in dieser Richtung
erscheint die allgemeine Festfeier, die er zur Einweihung der
Mauern zum Ausdruck des Dankes und wohl auch des Sieges
veranstaltete.²) Alle Leviten und Sänger, die Fürsten, Priester
und das Volk versammelten sich in Jerusalem. Nehemia selbst
bestimmte die Art der Ausführung; der Festzug unter Vorantritt
der Fürsten und Priester steigt auf die Mauer, die eine Hälfte
unter Führung Ezras zieht nach rechts, die andere mit Nehemia
nach links; Chorgesänge und Danklieder erschallen, bis sich die
beiden Züge beim Tempel wieder treffen. „Und es liessen sich
vernehmen die Sänger, und Jizrachia leitete. Und sie opferten
an jenen Tagen grosse Opfer und freuten sich, denn Gott hatte
sie erquickt mit grosser Freude; und auch die Weiber und Kinder
freuten sich und man hörte das Freudengeschrei Jerusalems
weithin" XII, 42, 43.

Zu gleicher Zeit wurde auch eine neue Ordnung im religiösen
Gebiete, besonders in den Vorschriften des Kultus eingeführt
und begründet. Während indes Nehemia in politischen Anordnungen die allein massgebende Persönlichkeit ist, tritt er,
wenigstens in der Darstellung des Schriftstellers, bei der Neu-
ordnung des Kultus einigermassen zurück, um Ezra, dem
Schriftgelehrten, dafür Raum zu geben. Ezras zweites Auftreten wird erst erwähnt, nachdem der Mauerbau vollendet ist;
wahrscheinlich durfte er es nicht eher wagen, aus seiner Ver-
borgenheit herauszutreten, da er nicht einmal unter den Teil-
nehmern des Mauerbaues erscheint.³) Seine Thätigkeit erstreckt

---

¹) Auch diese Zahl lässt vermuten, dass mit Abrechnung der Freiwilligen, Priester, Tempelsklaven u. s. w. das ausgeloste Zehntel etwa
2000 Mann betrug.

²) Die Zeit dieser Feier ist nicht angegeben; wahrscheinlich kam man
erst nach Erfüllung der dringenderen Aufgaben dazu (443 v. Chr.).

³) Hohepriester ist um diese Zeit Eljašib, Neh. III, 1.

sich zunächst auf genaue Durchführung der im „Buche der Tora Mosis" geforderten Kultusformen.

Zur geeigneten Zeit „im siebenten Monat" (443? v. Chr.) versammelt sich das Volk in Jerusalem und begehrt von Ezra, in der Tora unterrichtet zu werden. Ezra, umgeben von Priestern und Leviten liest das Gesetz vor, so dass das ganze Volk zur lebhaften Erkenntnis der Unzulänglichkeit der bisherigen Zustände gelangt: „alles Volk weinte, da es hörte die Worte der Tora Neh. VIII, 9. Der Tiršatha (Nehemia) und Ezra trösten das Volk: „Der Tag ist heilig Jahve unserm Gott,[1]) betrübt euch nicht und weinet nicht!" Und am andern Tag versammeln sich die Fürsten, Priester und Leviten wiederum bei Ezra, dass er ihnen die Worte der Tora erkläre. „Und sie fanden geschrieben in der Tora, welche Jahve durch Moses angeordnet hat, dass wohnen sollen die Söhne Israels in Hütten, am Fest des siebenten Monats" V. 14. Demgemäss wird das erste Laubhüttenfest vom gesamten Volke gefeiert „und sie wohnten in den Hütten; denn nicht hatten also gethan die Söhne Israels von den Tagen des Ješua-ben-Nun bis auf diesen Tag". Neh. VIII, 17.

Die „überaus grosse Freude", die das achttägige ungestörte Fest im Volke hervorgerufen hatte, war der Einführung weiterer Reformen günstig. Ezra fuhr fort, das „Buch der Tora Jahves" vorzulesen und es durch die Leviten dem Volke erklären zu lassen. Das Volk sollte sich aufs neue verpflichten, von nun an allen Forderungen der Tora pünktlich nachzukommen und diese Verpflichtung durch Schliessung eines „Bundes" feierlich besiegeln. Drei Punkte werden in diesem Bunde eigens hervorgehoben:

Verbot der Eheschliessung mit dem „Volk des Landes",

Heiligung des siebenten Tages und Jahres,

Lieferung der Abgaben für Tempel, Priester und Opfer.

Das erste Versprechen war jetzt leichter zu geben und auch zu halten als in der Zeit, wo das „Volk des Landes" jeden Tag

---

[1]) Es ist nämlich der Neumonds-Tag des siebenten Monats, J. Geissler: Die litterarischen Beziehungen der Ezramemoiren. Chemnitz, 1899 S. 29 und Siegfried, a a. O. S. 100.

mit Gewaltmassregeln antworten konnte. Der vorsichtige Nehemia vermeidet zudem jede Gewaltmassregel, indem er nur das Gesetz für die Zukunft aufstellt: „Dass wir nicht geben werden unsere Töchter den Völkern des Landes und ihre Töchter nicht nehmen werden für unsere Söhne", Neh. X, 31. Die besondere Betonung des Sabbats und des Sabbatjahres muss mit Erfahrungen im Exil in Zusammenhang stehen und möglicherweise ebenfalls einen Gegensatz zum „Volke des Landes" festlegen.[1]

Am eingehendsten wird das Thema der Kultussteuer behandelt. Zur Bestreitung der Kosten für die gewöhnlichen Opfer muss jeder erwachsene Israelit jährlich einen Drittel-Šekel beitragen. Das Holz zum Opferdienst im Tempel muss abwechselnd von Familien geliefert werden, die das Los bestimmt. Alle Erstgeburt des Landes, besonders die der Rinder und Schafe, muss den Priestern dargebracht werden; die erstgebornen Söhne und nicht opferfähige Tiere werden durch Geld gelöst. Aber auch die Erstlinge von Früchten, Wein und Öl sind darzubringen, sowie das Erste von Speisen und Trankopfern. Die Leviten haben zu ihrem Unterhalt Anspruch auf den Zehent aus allen Städten, wo Ackerbau getrieben wird. Aber auch sie müssen den Zehent von dem, was sie erhalten, an den Tempelschatz abliefern.

Aus dem grossen Nachdruck, mit welchem die Leistung der Kultussteuer behandelt wird, ergibt sich, dass der Unterhalt des Tempels und seiner Angehörigen, der nunmehr von den Exulanten allein aufzubringen war, in dieser Zeit mit Schwierigkeiten verknüpft war; man wird kaum fehlgehen in der Annahme, dass die Leistung oder Verweigerung dieser Kultussteuer in der Frage der „Absonderung zum Volke Israel" eine wichtige Rolle spielte.

Zunächst wurde die Schliessung dieses Bundes mit grosser Feierlichkeit ins Werk gesetzt. Als das Volk über den Inhalt desselben, vor allem über die künftigen Verpflichtungen, hinlänglich unterrichtet war, versammelte es sich abermals, am 24. des siebenten Monats, diesmal zu einer Bussfeier, die von den Leviten

---

[1] „Und wenn die Völker des Landes Waren bringen und allerlei zum Gebrauche am Tage des Sabbats" V. 32.

geleitet wurde. Fastend, mit dem Busssack angethan, Staub
auf den Häuptern, traten sie hin, das Gesetz zu vernehmen
und ihre und ihrer Väter Sünden zu bekennen, Neh. IX, 2. Die
Gründe, die das Volk bewegen müssen, die von ihm geforderten
Opfer gern auf sich zu nehmen, werden in der üblichen Form
eines historischen Überblicks über seine Vergangenheit vorgetragen,
IX, 7—37. Weil weder die Väter, noch die Könige und die
Priester auf Gottes Gebote und Zeugnisse geachtet haben, ist
es dahin gekommen, dass sie selbst Knechte sind in dem Lande,
das den Vätern gegeben war. „Und sein Erträgnis mehret sich
für die Könige, die du gesetzt hast über uns wegen unserer
Sünden, und sie herrschen über unsere Leiber und unser Vieh
nach ihrem Willen, und wir sind in grosser Drangsal", IX, 37.
In der Zuversicht, dass die treue und pünktliche Erfüllung der
übernommenen Verpflichtungen solches Unheil in Zukunft ver-
hüten werde, wird der Bund vom Volke angenommen und von
den Vornehmsten besiegelt. Der erste der Unterzeichner ist
seiner Würde gemäss der Tiršatha Nehemia, dann folgen 23 Priester,[1]
ferner 17 Leviten und 44 Häupter des Volkes, während Ezra,
der Schriftgelehrte, fehlt.[2]

Mit diesem Ereignis schliesst der Bericht von der Thätigkeit
Nehemias bei seiner ersten Anwesenheit in Jerusalem. Er konnte
bei seinem Wegzuge von der Stadt „des Begräbnisses seiner
Väter" mit dem Erfolge seiner Arbeit wohl zufrieden sein: Stadt
und Tempel waren durch die Mauern vor den Belästigungen der
„Völker des Landes" geschützt, für Ordnung und Unterhalt des
Tempels war gesorgt und die Beobachtung des Gesetzes in der
Öffentlichkeit durchgefürt. Es war nun an der Gola, zu beweisen,
dass sie das Erworbene auch für die Zukunft bewahren und
und gegen feindliche Einflüsse verteidigen könne.

---

[1] Die (spätere?) Einschaltung des Titels für Nehemia scheint e i n e n
Namen verdrängt zu haben.

[2] War ihm vielleicht das Verbot der Ehen mit dem „Volk des Landes"
nicht entschieden genug? — Aber auch der Hohepriester Eljašib fehlt, dieser
jedenfalls aus dem entgegengesetzten Grunde; nach S e i s e n b e r g e r aus Ab-
neigung gegen Nehemia, S. 104.

§ 8.

Allgemeiner Verfall nach Nehemia; sein zweites Auftreten.

Die Ordnung der Dinge, wie sie von Nehemia hergestellt worden war, hatte von Anfang an einen gefährlichen Gegner: den nunmehr in der Stille arbeitenden Einfluss des „Volkes des Landes". Dieser machte sich nicht blos unter dem gemeinen Volke, als Folge des Handelsverkehrs, geltend, Neh. XIII, 15, sondern auch bei den Führern. Diese Thatsache wird hell beleuchtet durch die Mitteilung, dass der Hohepriester Eljašib nicht blos selbst mit Tobia, einem Führer der Samaritanerpartei sich verschwägerte, sondern auch einen seiner Enkel mit einer Tochter Sanballats, ebenfalls eines gegnerischen Führers, verheiratete. Wenige Jahre nach Nehemias Abreise wohnten Tyrer in Jerusalem, um Handel zu treiben, viele Juden hatten sich „asdodische und ammonitische und moabitische Weiber" genommen, so dass man in den Strassen von Jerusalem die fremden Dialekte aus dem Munde der Kinder hörte Neh. XIII, 24.

Aber auch die andern Bestimmungen des „Bundes", den das Volk unter Nehemia Gott gelobt hatte, wurden nicht mehr eingehalten. Man sah die Kelter treten am Sabbat, Garben tragen und Esel, beladen mit Wein, Trauben, Feigen und allerlei Last, und es nach Jerusalem bringen am Sabbatstage XIII, 15.

Eljašib hatte es wagen dürfen, seinem Verwandten Tobia eine grosse Kammer im Vorhofe des Tempels einzuräumen; hieraus ist zu schliessen, dass das „Volk des Landes" auch in andern Dingen wieder Ansprüche an den Tempel, die Opfer u. s. w. erhob. Eine Folge dieses Eindringens war, dass ein nicht geringer Teil der von Nehemia eingesetzten Priester, Leviten und Sänger sich

zurückzog; der Levitenzehent blieb aus, so dass die Empfangs-
berechtigten gezwungen waren, ihren Posten zu verlassen, um
irgendwo ihren Unterhalt zu finden.

Allerdings war die Exulantenpartei immer noch stark genug,
um sich zu energischem Widerstande aufzuraffen. Auf eine
abermalige Vorlesung der Tora, Neh. XIII, 1, folgte eine Austreibung aller Fremden aus Jerusalem, die aber wiederum nur
zum Teile durchgeführt werden konnte. Wahrscheinlich auf die
Nachricht von dem gefährlichen Zustand der Dinge kam noch
zur rechten Zeit Nehemia abermals nach Jerusalem[1]) und er
vermochte, die angefangene Besserung auch den Mächtigen gegenüber durchzuführen. Er warf das Hausgeräte des Tobia aus der
Schatzkammer, liess diese reinigen und übergab sie wieder ihrem
Zwecke. Um die Ablieferung des Zehenten wieder in Gang zu
bringen, versammelte er zuerst die Obrigkeit, schärfte ihnen ihre
Pflicht ein, und als die Abgaben wieder flossen, fanden sich auch
die Leviten und Sänger wieder ein. Mit Nachdruck widersetzte
sich Nehemia auch der üblich gewordenen Entheiligung des
Sabbats; um dem Übel gründlich beizukommen, liess er die Stadt-
thore während des ganzen Sabbats geschlossen halten und be-
wachen und vertrieb sogar die Händler, die sich vor den Mauern
Jerusalems aufgestellt hatten.

Am schärfsten traf sein Tadel jene, die trotz des feierlich gegebenen Versprechens[2]) wiederum Ehen mit Töchtern
der „Völker des Landes" eingegangen waren. „Und ich stritt
mit ihnen und fluchte ihnen und schlug einige von ihnen, und
ich raufte ihnen die Haare aus, und ich beschwor sie bei Gott:
Gebet nicht eure Töchter ihren Söhnen, und nehmet nicht aus
ihren Töchtern für eure Söhne und für euch" Neh. XIII, 25. Auch
der Enkel des Hohepriesters Eljašib, der mit Sanballat ver-
schwägert war und sich nicht fügen wollte, wurde aus der Stadt
vertrieben. So gelang es, wenigstens Jerusalem selbst von diesen
fremden Elementen zu befreien, wenn sich gleich der Hass der

---

[1]) Vermutlich gegen Ende der Regierung Artaxerxes I., etwa 425.

[2]) Dieser Umstand motiviert nunmehr die Schärfe seines Vorgehens,
gegenüber der anfänglich bewiesenen Milde.

„Völker des Landes" und damit die Gefahr von aussen durch diese Massregel notwendig wieder steigern musste. Im Ganzen blieb aber der Erfolg, wie die Geschichte bezeugt, auf Seite Nehemias und der Exulanten; diese haben der einheitlichen Masse, zu welcher die Bevölkerung Jerusalems und der Umgebung nach und nach verschmolz, den Charakter gegeben.

Wie lange Nehemia bei seinem zweiten Aufenthalt in Jerusalem thätig war, ist nicht erzählt. Die letzten Worte seines Berichtes lassen annehmen, dass er auf ein wohlgeordnetes und gefestigtes Gemeindewesen zurückblicken konnte, als er seine Aufzeichnungen schloss.

§ 9.

Gemeinde- und Kultus-Ordnung nach Ezra-Nehemia.

Zwei eigentümliche Züge weist das jüdische Gemeinwesen im Vergleich mit andern seinesgleichen in nachexilischer Zeit auf: die weitgehende Vermischung der geistlichen und weltlichen Regierung, und, nicht ohne innern Zusammenhang damit, die möglichste Ausschaltung jedes direkten Einflusses der anerkannten Reichsregierung auf nationale Angelegenheiten. Mag auch in der Darstellung der beiden Bücher manches übergangen sein, was diesen Einfluss deutlicher nachweisen könnte, so ist doch auf alle Fälle gewiss, dass das nationale Empfinden in Jerusalem von jeher eine Pflege, aber auch von oben her eine Berücksichtigung genoss, die man nicht als gewöhnlich zu bezeichnen hat.

Zu Gunsten einer solchen Entwicklung wirkte von Anfang an der Umstand, dass das erste Ereignis zwischen persischem Königtum und jüdischem Volke eine ausserordentliche Gnadenbezeigung, also auch einen Anlass zu nachhaltiger Dankbarkeit, darstellt. Und selbst wenn die von Kyros in die Heimat Entlassenen diesem Gefühl weniger zugänglich gewesen wären, so mussten sie doch im babylonischen Weltreiche und während der Kämpfe, die seinen Untergang herbeiführten, die Erkenntnis gewinnen, dass die Errichtung eines selbständigen Judenreiches auf der Basis die allein möglich war: der Nation für sich, nicht mehr ernstlich in Betracht kommen konnte. Wenn also die Gola einen „Fürsten" über sich hat und Gewicht darauf legt, dass er aus dem königlichen Geschlecht Davids stamme, so muss das immer in einer Form geschehen sein, welche die persische Regierung für unbedenklich fand. Allerdings ist mit dem Sturz

Zerubabels die Nachfolgerschaft der Davididen zu Ende, man
hat aber darin höchst wahrscheinlich mehr das Werk des eifersüchtigen Unter-Statthalters in Samaria, als einen Eingriff der
königlichen Regierung zu sehen. Denn gerade vom Hofe selbst
erlangt das Judentum wieder und wieder Vergünstigungen, bis
Nehemia endlich auch dem Unter-Statthalter gegenüber durch-
dringen kann.

Von Seite der persischen Regierung führt die leitende Persönlichkeit in Jerusalem den Titel Tiršatha, so Zerubabel und Nehemia.[1])
Von Seite des Judentums aber tritt von Anfang an ein Rat von
Fürsten, Priestern und Ältesten mitregierend auf. Dieses Kol-
legium hat keine fest bestimmte Anzahl von Mitgliedern, zieht
aber geistliche und weltliche Angelegenheiten gleichmässig vor
sein Forum. Allmählig tritt das Amt des „Hohepriesters“[2])
mehr in den Vordergrund; in den Zeiten, wo kein Tiršatha aufgestellt war, und nach Nehemia wohl überhaupt, ist der Hohepriester offenbar die oberste Behörde auch in weltlichen Dingen.
Mit dem Tiršatha und dem Hohepriester entscheiden in wichtigen
Dingen eine Anzahl „Fürsten der Väter“, z. B. Ezr. IV, 3: Zerubabel (der Tiršatha), Ješua (der Hohepriester) und „die übrigen
Häupter der Väter.“ Die „Fürsten“ oder „Häupter“ der Väter
sind die Vertreter der einzelnen Geschlechter; „Väter“ oder
„Älteste“[3]) stehen an der Spitze einzelner Familien; ihre Stellung
ist abhängig von dem Reichtum und der Macht der einzelnen
Familien und Geschlechter. So stehen beispielsweise neben Zeru-
babel noch 11 „Fürsten“, darunter der Hohepriester Ješua, neben
Nehemia 44 „Häupter des Volkes“, ausser den obersten Priestern
und Leviten. Führer, wie Ataja, als Erster des Geschlechtes
Juda in der Stadt, und Joel ben Zikri, der Führer der 928 Ben-
jaminiten in der Stadt, zählen jedenfalls zu den hervorragendsten
„Fürsten.“

---

[1]) Doch ist es Ezr. II, 63 zweifelhaft, ob Nehemia oder Ezra unter diesem
Titel verstanden wird. Der babylonische Name ist peḥa, z. B. Ezr. V, 14.

[2]) הכהן הגדל.

[3]) Ezr. X, 8: „Fürsten und Älteste“. — Aus den „Ältesten“ werden
auch die Richter, Ezr. VII, 25 und die „Weisen“ genommen worden sein.

Deutlicher sind die Rangstufen abgegrenzt in der hierarchischen Ordnung. Hier steht an der Spitze der „Hohepriester", ihm zunächst die Oberpriester und Oberleviten. In geistlichen Dingen sind sie seine „Brüder", je mehr aber der „Hohepriester" auch die höchste weltliche Autorität verkörpert, desto grösser wird auch ihr Abstand von ihm. In der Zeit von Zerubabel bis Nehemia und darüber werden folgende Hohepriester genannt:

1. Ješua
2. Jojakim
3. Eljašib
4. Jojada
5. Johanan
6. Jaddua; Neh. XII, 10.

Die Oberpriester haben verantwortungsvolle Ämter am Tempel, Neh. XIII, 13, XI, 11 und teilen sich mit den Oberleviten Neh. XI, 16 in die vornehmeren Pflichten ihres Standes. An die Oberpriester schliessen sich die Priester, von welchen sich im Zuge Zerubabels allein nahe an 4300 befanden. Angesichts dieser grossen Zahl muss es als zweifelhaft gelten, ob sie alle im aktiven Tempeldienst und insbesonders am Tempelunterhalt teilnehmen konnten. Jedenfalls wohnte der grössere Teil von ihnen im Lande zerstreut, da die Einwohnerliste Jerusalems zur Zeit Nehemias nur gegen 1200 Priester verzeichnet, Neh. XI, 11. In den ersten Zeiten kam es vor, dass die Tempelgefälle ausblieben, so dass auch die in der Stadt wohnenden Priester und Leviten gezwungen waren, aufs Land zu gehen, um ihren Lebensunterhalt zu finden.

Der niedere Tempeldienst ist Beruf der Leviten. Ein sicheres Zeichen, dass über die Rangabstufung von Priestern und Leviten schon während des Exils Bestimmungen getroffen wurden, die den Leviten ungünstig schienen, liegt in der Thatsache, dass sich in der ersten Karawane unter Zerubabel nur 74, gegen 4300 Priester, einfanden, und dass auch dem Zuge Ezras sich anfänglich nicht ein einziger anschliessen wollte, Ezr. VIII, 15. Doch folgten schliesslich 42 Mann seiner besonderen Aufforderung; wie aus der Erzählung, Neh. VIII, 7, hervorgeht, war Ezra auch darauf bedacht, die Stellung der Leviten gebührend hervorzuheben. Fast immer erscheinen bei Nennung der gesetzmässigen Obrigkeit die Leviten ausdrücklich erwähnt, und zwar an dritter Stelle, nach den Priestern. Zu den regelmässigen Funktionen der Leviten gehört die Aufgabe, „Lobpreis" und „Danket" zu singen, in zwei Chören, nach „der Anordnung Davids des Mannes Gottes" Neh. XII, 24. Auch Nehemia ist für die Aufrechterhaltung des Standes der Leviten besorgt; er holt die aus der Stadt Geflohenen wieder zurück, sorgt für ihren Unterhalt und bringt sie wieder an ihren Platz Neh. XIII, 11. In der Zeit, in welcher die Besiedlung Jerusalems durchs Los durchgeführt war, befanden sich im ganzen 284 Leviten in der Stadt, wohl ein Anzeichen, dass durch Ezra und Nehemia ihre Position verbessert worden war.

Den Leviten schliessen sich an die Sänger und die Thorhüter. Schon in der ersten Karawane unter Zerubabel befanden sich nach Ezr. II, 41 f. 128 Sänger und 139 Thorhüter. Während an dieser Stelle[1]) die Sänger, die „Söhne Asaphs" von den Leviten unterschieden sind, scheinen sie Neh. XI, 17 f. in die Zahl der 284 in Jerusalem wohnenden Leviten eingerechnet zu werden. Aber auch von den Cymbelschlägern, die bei der feierlichen Grundsteinlegung zum Tempelbau mit den Priestern auftreten, heisst es: „Die Leviten, die Söhne Asaphs", Ezr. III, 10. Die Sänger haben also nach dem Exil den Anspruch auf Anerkennung als Levitenklasse erhoben und durchgesetzt. Ihre Entlohnung ist durch eine besondere königliche Anordnung gesichert Neh. XI, 23.

Mit den Sängern werden regelmässig die Thorhüter genannt und wie jene in besonderen Geschlechtern aufgezählt. Auch unter Ezra sind Thorhüter nach Jerusalem zurückgekehrt; wichtig wird ihre Stellung aber erst unter Nehemia, mit der Vollendung der Stadtmauern. Zu ihrem Befehlshaber ernennt der Statthalter seinen eigenen Bruder Hanani, Neh. VII, 2. In dem Abschnitt Neh. X, wo die Leviten vor den Priestern genannt werden, stehen auch die Thorhüter vor den Sängern. Zu Nehemias Zeit wohnten in der Stadt zwei Geschlechter mit

---

[1]) Ebenso an der parallelen, Neh. VII, 44, die aber 148 Sänger zählt, ferner Ezr. VII, 7 und XII, 24, zweifelhaft ist der Sinn von Neh. XII, 47.

172 Angehörigen. Sie hatten nicht blos die Thore des Tempels und der Stadt, sondern auch die Thüren der Vorratskammern beim Tempel zu hüten Neh. XII, 25.

Die unterste Stufe der hierarchischen Ordnung endlich bildeten die Netinim und die „Sklaven Salomos". Erstere sind nach Ezr. VIII, 20 Sklaven, „welche David und die Fürsten zur Bedienung der Leviten schenkten".[1] Ihre Aufgabe war die Verrichtung der knechtlichen Arbeiten am Tempel, daneben bildeten sie sicher eine stets verfügbare Verstärkung der Wache des Tempels und der Besatzung der Mauern. 35 Geschlechter kehrten unter Zerubabel zurück und 220 Personen unter Ezra. Nach Ezr. II, 70 wohnten auch sie „in ihren Städten", der Hauptteil aber, seinem Berufe entsprechend, in nächster Nähe des Tempels: „Und die Netinim wohnten am Ophel, und Siha und Gišpa waren über die Netinim.

Die „Sklaven Salomos" werden stets nach den Netinim genannt, öfters auch gar nicht erwähnt. Bei Zerubabels Karawane befanden sich zehn Geschlechter, mit den Netinim zusammen 392 Personen, bei Ezras Karawane fehlen sie. Die Bundesurkunde, welche Nehemia von den Vertretern des ganzen Volkes unterschreiben lässt, X, 10 ff. zählt noch Namen von Thorhütern, Sängern und Netinim auf, nicht aber von „Sklaven Salomos"; auch ihre Wohnstätte findet sich nicht erwähnt. Doch waren wohl weder die „Sklaven Salomos" noch die Netinim Unfreie im strengen Sinne, da sie beide nach Geschlechtern aufgezählt werden und zum „Volke" gerechnet sind, während die Liste die „Sklaven und Sklavinnen", 7337 an Zahl, besonders aufführt Ezr. II, 65. Wenn unter diesen noch besonders „245 Sänger und Sängerinnen"[2] hervorgehoben werden, so scheint damit eine von den levitischen Sängern, den Söhnen Asaphs, wesentlich verschiedene Klasse bezeichnet zu sein.

---

[1] Jedenfalls ursprünglich heidnischer Herkunft.
[2] Die Zahl nach Guthe-Batten z. Stelle.

§ 10.

Feste und Opfer des Tempels nach Ezra-Nehemia.

Die schon von Anfang beabsichtigte Ordnung des Tempeldienstes, der Feste und Opfer, konnte infolge des Verhaltens der „Völker des Landes" erst nach Vollendung der Mauern entsprechend durchgeführt werden. Aus der Erzählung der Umstände, unter welchen die Festsetzung der neuen Ordnung erfolgte, ergibt sich, dass von Seite der bestimmenden, die Gesetze bekanntgebenden Persönlichkeiten ein grosses Gewicht darauf gelegt wird, die ganze Ordnung als aus der Tora Mosis fliessend zu erweisen und alle Vorschriften so zu geben, „wie geschrieben ist im Buche Mosis" Ezr. VI, 18. Andererseits fällt aber auf, dass das Volk, dem die Gesetze bekanntgegeben werden, dieselben fast gar nicht mehr zu kennen scheint und von der Mitteilung einiger geradezu überrascht wird, während es sich doch wieder an die Maasse und das Aussehen des frühern Tempelgebäudes noch gut erinnert. Für die gewohnheitsmässige Nichtbeachtung der Tora, wie sie aus diesem Verhalten spricht, zeugt ferner die Leichtigkeit, mit welcher sich trotz des Bemühens der Obrigkeit, eines Ezra und Nehemia, immer wieder der Anschluss an die „Völker des Landes" vollzieht, so dass er anfangs nicht einmal durch die Absperrung durch die Mauern gehindert wird.

Die Feste, deren Begehung dem Volke zur Pflicht gemacht wird, sind folgende:

1. Die wöchentliche Sabbat-Feier, die erst in dem von Nehemia vorgelegten Bunde scharf betont wird; unter Zerubabel und Ezra ist von ihr nicht die Rede. Auch Nehemia sieht sie bald wieder in Verfall kommen. Erst die Vollendung der Mauern und die Aufstellung einer besonderen Wache ermöglicht die Durchführung der Sabbat-Feier in der Stadt.

4 *

2. Die monatliche Neumond-Feier. Sie wird als bestehend vorausgesetzt, Neh. VIII, 9, wo dem Volke, da es am ersten Tage des siebenten Monats trauern will, gesagt wird: „Dieser Tag ist heilig Jahve eurem Gotte, klaget nicht und weinet nicht", vgl. Ezr. III, 5.

3. Das Laubhütten-Fest. Dies wurde, wenn auch in unvollkommener Weise, zum erstenmale gefeiert nach Vollendung des Brandopferaltares, Ezr. III, 4. In besonders ausführlicher Weise wird über die erste, den kultischen Vorschriften genau entsprechende Laubhüttenfeier des Jahres 443 berichtet. „Und sie fanden in der Tora geschrieben, welche Jahve durch Moses angeordnet hatte, dass die Söhne Israels in Laubhütten wohnen sollen am Fest des siebenten Monats", Neh. VIII, 14.[1]) Die Feier dauerte mit dem Schlussfest vom ersten bis zum achten Tage des siebenten Monats.

4. Das Pesachfest, am vierzehnten Tage des ersten Monats, an welches sich die sieben Festtage der „ungesäuerten Brote" (Maṣṣot) anschliessen. Die erste nachexilische Feier findet statt nach der Vollendung des Tempelbaues, Ezr. VI, 19. Die rituelle Schlachtung des Lammes wird hier für alle, auch für die Priester, von den Leviten vorgenommen. „Und es assen die Söhne Israels das Pesach, die aus der Verbannung zurückgekehrt waren, und alle, die sich abgesondert hatten von der Unreinheit der Nationen des Landes."

5. Das Fest der Tempelweihe. Der Tag, an welchem der nachexilische Tempel vollendet wurde, der 3. Adar (515), wird als grosses Freudenfest mit grossartigen Opfern gefeiert.

Als Opfer, welche in der Zeit von Zerubabel bis Nehemia in Gebrauch waren oder eingeführt wurden, ergeben sich aus der Erzählung folgende:

1. Das tägliche Brandopfer, dargebracht jeden Morgen und Abend seit Erbauung des Brandopferaltares (537 v. Chr.)

---

[1]) S. 40. — Die Worte „Sohn des Nun" als (fehlerhafte) Glosse zu streichen, würde zwar die Erklärung vereinfachen, ist aber textlich nicht gerechtfertigt.

„wie es in der Tora Mosis, des Mannes Gottes, vorgeschrieben ist", Ezr. III, 2.

2. Die Opfer an den Sabbaten, Neumonden und Festzeiten, Neh. X, 34.

3. Das allgemeine Sündopfer: „Zwölf Ziegenböcke zum Sündopfer für ganz Israel", Ezr. VI, 17, ebenso VIII, 35.

4. Das persönliche Sündopfer, je ein Widder, Ezr. X, 19.

5. Opfer bei aussergewöhnlichen Anlässen, z. B. bei Einweihung des Tempels, Ezr. VI, 17, der Stadtmauern, Neh. XII, 43.

6. Reinigungsopfer, für Priester, Leviten und Laien, aber auch für die Thore und Mauern, Neh. XIII, 30, Ezr. VI, 20.

7. Speiseopfer, von Mehl, Öl, Wein, Salz, die zum Teile aus den königlichen Unterstützungen bestritten werden, Ezr. VI, 9, VII, 22. Sie sind ebenfalls täglich darzubringen, Neh. X, 34.

8. Das Schaubrot, aufgeschichtet.

9. Das Heiligkeitsopfer.

10. Das Hebopfer, Neh. XII, 44.

11. Das Hochheilige, von dem nur die Priester essen dürfen, Ezr. II, 63.

Der für diese Opfer erforderliche Aufwand wurde bestritten zum Teil aus Mitteln der persischen Regierung, zum Teil aus freiwilligen Gaben, zur Hauptsache aber jedenfalls aus der dem Volke auferlegten Kultussteuer: $\frac{1}{3}$ Šekel auf den Kopf im Jahre; „ferner Ablieferung der Erstlinge des Viehes und der Früchte, von Öl, Most und Grütze, Neh. X, 38 (für die Priester); sowie des Zehenten (für die Leviten). Auch die Lieferung des Brennholzes für die Brandopfer im Tempel wurde durchs Los bestimmt. Diese Ordnung eingeführt und ihr Geltung verschafft zu haben, ist das Verdienst, welches Nehemia für sich in Anspruch nimmt, wenn er seine Aufzeichnungen mit den Worten schliesst: „Und ich reinigte sie (die Juden) von allem Fremden und stellte auf die Obliegenheiten für die Priester und die Leviten, jedem nach[1] seinem Amte, und für die Darbringung von Holz zu bestimmten Zeiten und für die Erstlinge: Gedenke mir das, mein Gott, zum Guten!"

---

[1] Guthe-Batten, nach LXX.

§ 11.

Die litterarische Zusammensetzung der Bücher Ezra und Nehemia.

Die Art der Zusammensetzung des Buches Ezra ist nach den äusseren Kennzeichen folgende: Die Ich-Stücke, in welchem Ezra als Verfasser in der ersten Person spricht, das aramäische Dokument, das sich durch seine Sprache von der hebräischen Umgebung abhebt, und die verbindende Erzählung des Schriftstellers; dazu kommt als viertes Element eine Reihe von Dokumenten und Listen, die sich auf die drei genannten Gebiete verteilen und durch ihre Anzahl und ihren Umfang dem ganzen Buche deutlich einen kompilatorischen Charakter verleihen.

A) Die Ichstücke, Ezr. VII, 27—IX, 15.[1]

Die Darstellung der Ereignisse, welche Ezra als persönliche Erlebnisse vorträgt, beginnt mit dem Hinweis, dass der günstige Erlass des Königs in erster Linie der gnädigen Fügung Gottes zuzuschreiben sei, „Gepriesen sei Jahve, der Gott unserer Väter, der Solches dem König in den Sinn gegeben"; sie endigt mit seinem Gebet, in welchem er die Absonderung der fremden Weiber als gerechtfertigt und notwendig hinstellt „Siehe, wir sind in unsrer Schuld vor dir, denn nicht können wir bestehen vor deinem Antlitze deswegen". Er erzählt die Zusammenstellung seiner Karawane, die Reise, die Ankunft in Jerusalem, die Ablieferung der mitgebrachten Gaben und alsbald die herandrängende Entscheidung bezüglich der Ehen mit den Frauen der „Völker des Landes". In je einem Verzeichnis gibt er die Zahl und die

---

[1] Dieser Umfang schon bei Herzfeld, der nur das vorausgehende Dokument des Artaxerxes noch hinzunimmt; Gesch. des Volkes Israel, Nordhausen. Zweiter Band, 1857. S. 32 f.

Familien der Mitreisenden, sowie den Wert und die Beschaffenheit
des mitgebrachten Goldes und Silbers. Er erwähnt, wie er sich
vor jeder wichtigen Handlung durch Gebet, Fasten und Selbst-
verdemütigung des göttlichen Schutzes zu versichern sucht; [1])
eigentümlich ist ihm ferner der Übergang von geschichtlicher
Darstellung zum Gebete. Doch muss dies Gebet auch dem
litterarischen Zwecke dienen, denn es enthält [2]) eine ausführliche
Schilderung der Zustände und ihrer Ursachen und damit eine
Rechtfertigung der bevorstehenden Massregeln. Die Einleitung,
welche dem Ichstücke im verbindenden Texte vorangeht, lässt
darauf schliessen, das in demselben die vor Ezras Eingreifen
liegende Periode nicht behandelt war; [3]) gewiss ist, dass es mit
IX, 15 mitten in der Aktion abbricht. Wenn man die Knappheit
in der Erzählung der vorausgehenden wichtigen Ereignisse ver-
gleicht mit der breit angelegten, genau motivierten und auch
geringfügige Umstände festhaltenden Darstellung des Entstehens
der Mischehenfrage, so erhält man den Eindruck, dass in der
Schrift Ezras diese, nicht der Heimzug, die wichtigere Rolle inne-
hatte. Den Grund, warum der Schriftsteller seinen Gewährs-
mann nicht weiter erzählen lässt, kann man nur vermuten : Ezra
dürfte an dieser Stelle erwähnt haben, von wem und wie ihm
entgegen gearbeitet wurde, [4]) und auf diese Überlieferung beschloss
sein Bearbeiter zu verzichten.

B) Das aramäische Dokument, Ezr. IV, 9—VI, 18;
VII, 12—26.

Für die Zeit, die vor dem Auftreten Ezras liegt, benützte
der Schriftsteller ein aramäisch geschriebenes Geschichtswerk,
welches den Anfang, die Hindernisse und schliessliche Vollendung

---

[1]) Vor der Versammlung der Karawane, vor ihrem Abzuge, vor der Be-
schlussfassung über die Ehen. Den Beistand Gottes selbst bezeichnet Ezra
mit den Worten : „Die Hand unseres (meines) Gottes" VII, 28, VIII, 22, 31.

[2]) Ezr. IX, 6—15.

[3]) Mit Ezr. VII, 1 beginnt etwas völlig Neues, ohne Verbindung mit dem
schon Erzählten.

[4]) „Und die Hand der Fürsten und Gemeindevorsteher war bei dieser
Untreue die erste", Ezr. IX, 2.

des Tempelbaues zum Inhalte hatte und insbesonders die überaus
wichtigen königlichen Dekrete in der für die Westprovinzen des
persischen Reiches gebräuchlichen Übersetzung [1]) enthielt. Dieses
Werk behandelte den Streit um das Anrecht am Tempel, der
den Juden allein gehören soll und stellt den grossen Anteil ans
Licht, den die persischen Könige an der Herstellung und am
Unterhalt des Tempels und Tempeldienstes jederzeit hatten.
Dabei zeigt es sich, dass die Juden nur gesetzlich verfahren
und allen Anfeindungen gegenüber im Rechte sind; sie können
den Tempel ungestört bauen und in Besitz nehmen. Nur die
Vollendung der Stadtmauern gelingt ihnen nicht infolge einer be-
sonders bösartigen und dokumentarisch nachgewiesene Verleumdung
von Seite der samaritanischen Partei.[2]) Der Grund, weshalb der
Schriftsteller eben nur diesen Abschnitt aus dem aramäischen
Geschichtswerke entnahm, liegt sicher darin, dass es diejenigen
Materien, die ihm für s e i n Werk noch nötig schienen, nicht
enthielt, nämlich die Begründung, warum der Tempel zwischen
537 und 520 nicht zur Vollendung kam, und andererseits das
Problem der Mischehen. Vier in diesem aramäisch geschriebenen
Werke enthaltene Dekrete hat auch der Verfasser des Buches
Ezra herübergenommen: Die den Juden günstige Meldung des
Tattenai, Ezr. V, 3 und die gnädige Antwort des Dareios, Ezr. VI, 1;
ferner die verleumderische Anklageschrift des Rehum an Artaxerxes
und den gnädigen Entscheid dieses Königs an Ezra, VII, 12. Was
die Gesinnung den „Völkern des Landes" gegenüber betrifft,
stimmt der Autor des aramäischen Werkes mit seinem Bearbeiter
und mit Ezra, wenn auch von anderen Motiven geleitet, völlig
überein.

C 1) D i e v e r b i n d e n d e E r z ä h l u n g des Schriftstellers,
Ezr. I, 1—IV, 8; VI, 19—VII, 11; X, 1—44. Die Beurteilung
dessen, was der Verfasser des Ezrabuches aus Eigenem bei-
getragen, wird durch Vergleich mit den beiden grossen fremden
Bestandteilen wesentlich erleichtert und gesichert.

---

[1]) S i e g f r i e d, S. 7.
[2]) Es ist dies das Schreiben Rehums, IV, 9—22.

Mit Ezr. I, 1 wird der genaue Anschluss an das die vorher-
gehende Geschichtsperiode beschreibende „Buch der Chronik"
II. Chron. 36, 21 hergestellt. Das Ziel der Heimkehr ist nicht
so fast die Befreiung aus der Knechtschaft und der Wiederbesitz
des Vaterlandes, als vielmehr die Erbauung des „Hauses für
Jahve". „Er hat mir aufgetragen ihm ein Haus zu erbauen in
Jerusalem" sagt Kyros und lässt deswegen die Juden abziehen; auch der Befehl, sie zu unterstützen „mit Silber und
Gold" erfolgt mit der Begründung: „für das Haus des Gottes, der
zu Jerusalem ist". Vom Zuge Šešbaṣars wird nur ein Verzeichnis
des mitgebrachten Tempelschatzes erwähnt, vom Zuge der Haupt-
karawane und den Ereignissen unmittelbar nach der Ankunft nur
das Ergebnis einer Sammlung für den Bau. Die Thätigkeit Šešbaṣars, die Ursache der ersten Einstellung des Tempelbaues und
der Grund der Anfeindung der „Völker des Landes" bei Errichtung des Brandopferaltares werden übergangen. Dagegen
erscheint das Verdienst Zerubabels sowohl um den Heimzug wie
um den Tempelbau, der erst nach einer Neugründung, Ezr. III, 10,
als rechtmässig begonnen gilt, ausführlich erwähnt.

Für die Zeit von der feierlichen Grundsteinlegung bis zum
Wiederbeginn des Baues unter Dareios, wie ihn die aramäische
Urkunde erzählt, sucht der Schriftsteller eine Begründung der
Unthätigkeit zu liefern. Er findet sie darin, dass es den feind-
seligen Verleumdungen der „Völker des Landes" gelang, am
persischen Hofe gegen die Juden Stimmung zu machen. Ohne
ihre Schuld also, aus Unterwürfigkeit gegen die königliche Regierung, müssen die Juden den Bau unterbrechen „bis zur Regierung des Dareios". Um diese Gesinnung und Handlungsweise
durch ein überzeugendes Beispiel zu beleuchten, schaltet der
Schriftsteller an dieser Stelle den aus dem aramäischen Geschichtswerke entnommenen Brief des Rehum ein, obwohl dieser, für sich
genommen, einer späteren Zeit angehört.

Am Schlusse des aramäischen Berichtes ergreift der Schriftsteller wieder das Wort, um anlässlich der zuletzt erwähnten
kultischen Verrichtungen noch anzufügen, dass auch das Pesachfest nach Vollendung des Tempels genau den Vorschriften der

Tora entsprechend gefeiert wurde und die ganze Gemeinde infolge-
dessen glücklich ist, VI, 22.

Der Zusammenhang würde fordern, dass vor dem Auftreten
Ezras, dessen Hauptbestrebung auf die Beseitigung der Ehen
mit den „Völkern des Landes“ gerichtet ist, eine Nachricht
darüber gegeben werde, wann und warum solcher Misstand in
der Gemeinde sich verbreitete. Dies thut aber der Schriftsteller
nicht, sondern er übergeht den zwischen dem ersten Pesachfeste
und dem Auftreten Ezras liegenden Zeitraum von fast 60 Jahren
mit den Worten: „Und nach diesen Dingen“, VII, 1. Dass er
für diese Zeit wirklich keine Quellen zur Verfügung gehabt hätte,
ist mit Rücksicht auf die Angaben Ezr. IV, 5 f.[1]) weniger wahrscheinlich, als dass er ihren Inhalt für nicht geeignet fand. Ein
Bild, auf dem sein Auge verweilen will, bietet sich ihm erst
wieder in der Person des Ezra, den er feierlich in den Verlauf
der Geschichte einführt, und dessen verdienstvolles Wirken er
schon im voraus durch Hinweis auf seine Tugenden begründet.
In ebenso einfacher als glatter Form bildet er den Übergang von
seiner Erzählung zur direkten Rede Ezras, indem er als Zwischen-
glied das aramäische Dekret des Königs einschaltet, auf welches
sich Ezra mit seinen ersten Worten bezieht.[2])

Wenn die Erzählung, die der Schriftsteller von der Ausführung des Planes Ezras gibt, mit X, 44 ohne Schluss abbricht,
so muss die Schuld davon wohl einer s p ä t e r e n Hand zugeschrieben werden. Denn aus der ganzen Anlage der mit V. 1
einsetzenden Erzählung geht hervor, dass der Schriftsteller mit

---

[1]) Er weiss, dass die samaritanische Partei bis zum Anfang der Re-
gierung des Dareios intriguiert, dass unter Xerxes „und zwar im Anfang seiner
Regierung“ eine neue Anklage ergeht, dass unter Artaxerxes Bišlam eine
Schrift verfasst, und er kann zwei Dekrete aus dieser Zeit, das Schreiben
Rehums und den Erlass an Ezra, anführen.

[2]) Man kann zweifeln, ob das Dekret aus dem aramäischen Geschichtswerk oder aus dem einleitenden Teile von Ezras Erzählung stammt; in
ersterem Falle muss Ezra etwas inhaltlich ähnliches erzählt haben. — Über
die Ursache, weshalb X, 1 der Schriftsteller wieder das Wort ergreift, vergl.
oben S. 55.

guter Kenntnis und planmässig, aber nicht mehr mit den Worten Ezras selbst, über den Verlauf der Sache berichten will.

Das Buch N e h e m i a weist eine durchaus ähnliche Gliederung auf: Ichstücke aus Nehemias Hand, Auszüge aus Ezras Schriften und verbindender Text, das Ganze wiederum durchsetzt von Verzeichnissen und Listen.

D) D i e I c h s t ü c k e; Neh. I, 1—VII, 5; XI, 1, 2; XII, 31—40; XIII, 4—31.

In lebendiger und rasch fortschreitender Darstellung gibt Nehemia Bericht von den Ereignissen, in deren, Mittelpunkt er gestanden, angefangen von dem Entschluss, die Gnade des Königs anzuflehen, 446 v. Chr., bis in die Zeit, in welcher er schon auf seinen zweiten Aufenthalt in Jerusalem zurückblicken kann (um 425). Er erzählt ausführlich, wie er sich grosse Gunst des Königs Artaxerxes zu gewinnen weiss und wie er entstehende Schwierigkeiten schon im voraus erkennt und vermeidet. Die Missgunst der Samariter kann ihm beim Unterstatthalter nicht schaden, die offene Gewalt ihn beim Mauerbau nicht überraschen, er durchschaut die Hinterlist seiner politischen wie seiner religiösen Gegner mit gleichem Erfolg, Neh. VI, 10. Die Tüchtigkeit anderer wird von ihm gebührend anerkannt und ihr Verdienst der Nachwelt überliefert, ohne dass er sein eigenes verschweigt. Seiner Klugheit ebenbürtig erscheint seine Energie, von welcher er am Schlusse einige drastische Züge, wie es scheint in belehrender Absicht, mit einflicht. Den Höhepunkt seines Erfolges stellt die feierliche Einweihung der Stadtmauern dar, die er deswegen ausführlich schildert. Für die Annahme, dass sein Bearbeiter grössere Partien der ursprünglichen Schrift unterdrückt habe, ist kein Grund vorhanden.

E) A u s z ü g e a u s E z r a s S c h r i f t e n. Neh. VIII, 1—IX, 37; XII, 1—30, 33—36. Dagegen findet sich die direkte Erzählung Nehemias unterbrochen durch Einschübe, in welchen die Person und das Wirken E z r a s im Vordergrund steht. Das erste dieser Stücke behandelt das feierliche Auftreten Ezras, als nach Schliessung der Stadtmauern die Vorschriften der Tora zuerst vorgelesen und erklärt, und dann pünktlich ausgeführt wurden.

Die Motive zu unbedingter Unterwerfung unter das göttliche Gebot werden in einem historisch-betrachtenden Gebete zusammengefasst und so auch der Nachwelt vorgelegt. Das zweite Stück gibt ein Verzeichnis der Priester- und Levitenfamilien von der Zeit Zerubabels an und schliesst mit der Erzählung, wie die verschiedenen Klassen zur Einweihung der Mauern herangezogen und wie sie aufgestellt wurden „und Ezra der Schriftgelehrte vor ihnen", Neh. XII, 36.

C 2) Die verbindende Erzählung des Schriftstellers, Neh. X, 1—40; XI, 3—36; XII, 41—XIII, 3.

Neben den wahrscheinlich aus Ezras Schriften entnommenen Nachrichten bringt der Schriftsteller noch einiges, das aus andern Quellen stammen muss. So schliesst sich an das Ezra in den Mund gelegte Gebet, Neh. X, 1, eine ebenfalls auszugsweise überarbeitete Wiedergabe des Hauptinhaltes jenes „Bundes", den das Volk auf Nehemias Anregung mit Jahve schloss. Die Erwähnung der Holzlieferung „für das Haus unseres Gottes", welche Einrichtung Nehemia später ausdrücklich für sich in Anspruch nimmt, zeigt, dass der Schriftsteller auch hier aus Nehemia schöpfen konnte; anscheinend hat er nur die Gegenstände von kultischem Interesse ausgewählt und anderes übergangen. Das ergibt sich mit Deutlichkeit an dem Stücke Neh. XII, 41 ff., wo der Schriftsteller ausschliesslich wieder bei den kultischen Anordnungen verweilt und sogar geneigt ist, die Zeit nach Nehemias erstem Auftreten — „in den Tagen des Nehemia" — als eine Periode idealer Gesetzeserfüllung und pünktlicher Einhaltung der Kultusvorschriften erscheinen zu lassen, während Nehemia selbst ohne Zweifel auch den Verfall der von ihm geschaffenen Ordnung angedeutet haben muss.[1])

F) Dokumente und Listen. In die Bücher Ezra-Nehemia sind aus verschiedenen Quellen Dokumente und Listen aufgenommen, wobei die letztern neben dem historischen gewiss auch einem praktischen Zwecke, der Feststellung und Bewahrung

---

[1]) Er sagt nämlich, nachdem er über den einen Fall von Eljašibs gesetzwidrigem Verfahren berichtet hat: „Und bei allem diesen war ich nicht in Jerusalem", XIII, 6.

politischer und kultischer Rechte, zu dienen hatten. Da ein Teil derselben schon im Vorausgehenden zu behandeln war, kann im folgenden Verzeichnis auf diese Stellen verwiesen werden.

a) Das Dekret des Kyros Ezr. I, 2—4; VI, 3—5, vergl. S. 7 f. Nur teilweise und überarbeitet wiedergegeben.

b) Schatzverzeichnis Šešbaṣars Ezr. I, 9—11; unvollständig in den Einzelposten.

c) Liste der grossen Karawane Zerubabels, Ezr. II, 1—67, ebenfalls unvollständig in den Einzelposten. Die aufgeführten Namen bezeichnen die Häupter der Geschlechter; ihre Stellung ist aber durch verschiedene Ursachen: Lebensalter, persönlichen und politischen Einfluss bedingt und darum auch veränderlich.

d) Brief des Rehum, Ezr. IV, 4-22; aus dem aramäischen Geschichtswerke; vom Schriftsteller absichtlich antizipiert.

e) Meldung des Tattenai, Ezr. V, 7—17.

f) Antwort des Dareios, mit Bezugnahme auf das Dekret des Kyros, Ezr. VI, 3—13.

g) Liste der Vorfahren Ezras, VII, 1—5.

h) Dekret des Artachšasta an Ezra, VII, 12—26.

i) Liste der Karawane Ezras, VIII, 1—19.

k) Schatzverzeichnis Ezras, VIII, 26—27.

l) Liste der Übertreter des Mischehen-Verbotes, Ezr. X, 18—44.

m) Liste der Erbauer der Stadtmauern, Neh. III, 1—32.

n) Von Nehemia vorgefundene Liste der Karawane Zerubabels, Neh. VII, 6—73. Die Varianten von der Liste c beruhen auf den bis Nehemias Feststellung vorgenommenen Änderungen. Die Wiedereinsetzung der von Zerubabel gefundenen Gesamtzahl 42360 dürfte an dieser Stelle auf der Annahme beruhen, dass die Gesamtheit der auserwählten Söhne des Volkes Israel seit der Heimkehr sich nicht vermindert haben könne.[1]

---

[1] Dass die Liste Neh. VII, 6—73 auf jener von Ezr. II, 1—70 beruht, ist auch die Ansicht Gigots, der sie als Wiederholung bezeichnet. Special Introduction to the study of the Old Testament. I, p. 323.

o) Bussgebet des Ezra, Neh. IX, 6—37.

p) Liste der Bundessiegler, Neh. X, 2 - 28.

q) Liste der Bewohner Jerusalems c XI, 3 - 36.

r) Liste der Priester und Leviten, die mit Zerubabel heraufgezogen waren, Neh. XII, 1 26. Sie enthält aber Nachträge, die über Zerubabel und Ezra-Nehemia herabgehen, z. B. bis auf Eljašibs Urenkel Jaddua.

G) Die Bearbeitung der Bücher Ezra-Nehemia durch den spätern Schriftsteller.

Aus dem vorliegenden Bestande und aus den Ergebnissen, die sich aus den selbständigen Teilen der Bücher erschliessen lassen, beantworten sich die Fragen nach der Zeit und Persönlichkeit des Bearbeiters etwa in folgender Weise.

Sowohl die Abschätzung nach Menschenaltern als auch die bestimmte Angabe des Josephus führen darauf hin, dass der Schriftsteller, der noch vom Hohepriester Jaddua weiss, die Zeit Alexanders des Grossen erreicht haben muss. Es würde zwar, sofern entsprechende Gründe vorlägen, die Annahme möglich sein, dass diese Genealogie, wie das der hervorragend praktische Zweck derartiger Listen mit sich bringt, erst später ergänzt wurde,[1]) aber diese Gründe fehlen. Im Gegenteil weist manches darauf hin, dass zwischen Nehemia und der Abfassung des jetzigen Buches ein beträchtlicher Zeitraum liegt. Der Verfasser steht den geschilderten Zeiten so ferne, dass er Zeiträume von 60 und 12 Jahren, ohne den fehlenden Zusammenhang zu vermissen, übergeht; in annähernd gleich ferner Vergangenheit liegen ihm „die Tage Zerubabels" (538) und „die Tage Nehemias" (440) Neh. XII, 46;[2]) nach seiner Auffassung und Darstellung waren Tempelbau und Absonderung von den „Völkern des Landes" die wichtigsten und allein erwähnenswerten Ereignisse jener Vergangenheit; die Trennung von der samaritanischen Partei ist bei ihm dauernd und unwiderruflich, während Nehemia selbst noch

---

[1]) Diese Möglichkeit gibt auch Gigot ausdrücklich zu, p. 333.

[2]) Hieher gehört auch der Anachronismus Ezr. X, 6, wo er von Ezra berichtet, er sei (— zur Zeit Eljašibs —) in die „Kammer Johanans" (— des Enkels Eljašibs —) gegangen. — Vergl. S. 14 Anm. 1.

bei seinem zweiten Aufenthalt in hohen und niederen Kreisen
die Gefahr des Synkretismus zu bekämpfen hat. Nicht bloss die
Aufzeichnungen Ezras und Nehemias, sondern auch Geschichtswerke, die über jene Zeiten handeln, liegen ihm vor, und manches,
was diese und jene enthalten, passt nicht mehr in seine „zeit-
gemässe" Darstellung. Dies alles[2]) spricht dafür, dass auch die
Aufzählung Jadduas nicht von einem andern Autor zu sein
braucht, und damit ist die Zeit um 330 v. Chr. gegeben.

Die Absicht und Methode des Schriftstellers sind in ihren
Hauptzügen schon im Vorhergehenden ans Licht getreten. Der
Verlauf der Geschichte von Kyros bis auf Alexander wird nicht
einmal in bloss äusserlichem Zusammenhange gegeben, so ausschliesslich geht sein Interesse auf den Tempel und seine Einrichtungen, sowie auf die hiemit eng verbundene Frage der Absonderung vom „Volke des Landes"; vermehrt wird die Un-
übersichtlichkeit noch durch den mit aller Entschiedenheit fest-
gehaltenen Grundsatz, etwaige Misserfolge oder Fehler der „Gola"
und ihrer Führer mit Stillschweigen zu übergehen. Wieviel dem
Schriftsteller von den ursprünglichen Memoiren Ezras und Nehemias noch vorgelegen hat, entzieht sich unserer Kenntnis;
jedenfalls ist nicht wohl anzunehmen, dass ihm der Zufall gerade
jene Teile allein in die Hand gegeben hätte, die seiner Absicht
— weil sie von Tempelbau und Austreibung der samaritanischen
Partei handeln — entsprachen. Dann bleibt aber nur die Thatsache anzuerkennen, dass sich der Verfasser für berufen hielt,
aus den Schriften der von ihm durchaus anerkannten Autoren
Ezra und Nehemia das ihm Entsprechende auszuwählen, anderes
aber einfach zu übergehen.

Während er aber den Bericht dieser beiden Erzähler, wo
er ihn mitteilt, unverändert lässt, gestattet er sich am Texte

---

[2]) Die Bezeichnung: Dareios „der Perser", die ebenfalls in diesem Sinne
angeführt wird, ist dagegen hier kaum als stichhaltig zu verwerten; der
verhältnismässig rasche Wechsel der Vormacht zwischen Assyrien, Babylonien
und Persien (Ägypten) rechtfertigt eine solche Unterscheidung auch schon vor
Alexander. — Schon Calmet und Haneberg setzen das Buch, zum Teil mit anderer
Begründung, in diese Zeit; von Neueren: Kaulen, Nikel, Gigot (um 330).

anderer Quellen, z. B. des Kyrosdekretes, des aramäischen Doku-
mentes, auch Änderungen des Wortlautes und der Anordnung.
Was die Einfügung mancher Listen betrifft, so kann der beabsichtigte Zweck bisweilen nicht mehr erkannt werden,[1] desto
deutlicher aber sein Ton und seine Absicht, wo er den Text
modifiziert. So ist das Kyrosdekret, wo es angeführt wird, nicht
eine einfache Reproduktion des Wortlautes, sondern zugleich
Ausdruck der Ansichten und der Stimmung des Schriftstellers.

Es kann ferner kein Zweifel darüber bestehen, dass, wer
den Charakter des Buches Ezra-Nehemia als den einer aus verschiedenen Quellen geflossenen Komposition anerkennt, die Eigen-
tümlichkeiten des Stiles und der religiösen Anschauung, wie sie
in den selbständigen Partien des Werkes hervortreten, mit
vollem Rechte der Persönlichkeit des Verfassers zuschreiben darf.
In Anerkennung dieses Argumentes hat man darum das Buch
der Chronik, das genau die gleichen Züge aufweist, von jeher
dem Verfasser von Ezra-Nehemia zugeschrieben; dieser Schluss
bleibt giltig, wenn auch, wie sich aus der oben angeführten
Untersuchung ergibt, weder Ezra noch Nehemia als diejenige
Persönlichkeit in Betracht kommt,[2] die uns die Vorgänge aus
„den Tagen des Ezra und Nehemia" berichtet, im übrigen jedoch
uns nur soviel bekannt ist, als wir ihre Schriften kennen.

Endlich gibt diese Konstatierung auch das Recht, den Einfluss und die Ansichten dieses Schriftstellers, den man als Autor
des Buches der Chronik gewöhnlich als „den Chronisten" bezeichnet, auch dort zu sehen, wo sie etwa als kurze Ein-
schaltungen, Glossen u. s. w. in andern Büchern des alten Testa-
mentes sich finden. Die Frage, inwieweit dies der Fall ist, sei
weiteren Untersuchungen vorbehalten.

---

[1] Z. B. weshalb die grosse Liste Ezra II, 1 in Neh. wiederholt wird.
Vielleicht ist hier an nachträgliche Einschaltung zu denken.

[2] Gigot: Er ist ein Kompilator; „weder Esdras noch Nehemias" p. 334.

§ 12.

Eigentümlichkeiten und Sprachgebrauch des Chronisten.

Auf Grund des oben gegebenen Nachweises von der Zusammensetzung und Bearbeitung des Buches Ezra-Nehemia lassen
sich, insoferne die schriftstellerische Persönlichkeit des Chronisten
in Betracht gezogen wird, etwa folgende Besonderheiten, kurz-
gefasst, feststellen.

Wie sich aus der Auswahl und Behandlung des geschichtlichen Stoffes ergibt, hat er Interesse und Vorliebe für gewisse Materien; die wichtigsten nnd charakteristischen sind:

Der Tempel und seine Einrichtungen, die Feste, Opfer,
Kultusgeräte und Schätze, vor allem aber seine nationale und einzigartige Bedeutung;

Die Stadt Jerusalem, zunächst als Stätte des Tempels,
dann als ständiger Versammlungsort, ihr Bau und ihre
Befestigung;

Die Hierarchie: Hohepriester, Priester, Leviten, Sänger,[1]
Netinim; dagegen wird die Stellung des Tiršata (Pecha),
die Leistungen an den persischen König u. ä. nirgends
besprochen. Die davidische Königsherrschaft ist zwar,
wie auch die Einheit der zwölf Stämme, in irgend
einem idealen Sinne festgehalten, aber praktische Züge
kann der Chronist dem Bilde, angesichts der Wirk-
lichkeit, nicht verleihen;

---

[1] Die Aufmerksamkeit des Chronisten für das Wirken der „Sänger"
ist mit Recht konstatiert worden. So selten er sonst Einzelzüge überliefert,
so erzählt er doch von den Sängern, die stets sorgfältig miterwähnt werden
a) dass ihr Unterhalt vom König eigens ausgesprochen wurde, b) wo sie sich
ansiedelten, c) was sie zu singen hatten (Lobet — Danket), d) wie sie bei
der Einweihung der Mauern sangen. —

Die Gola; nur die Exulanten, bestehend aus den Stämmen Juda und Benjamin, kommen in Betracht; andere nur, sofern sie sich zu ihnen „absondern"; die Zugehörigkeit zur Gola muss dokumentarisch nachgewiesen sein, daher Wichtigkeit der bezüglichen Listen und Verzeichnisse;

Die Tora; Quell und Grundlage all dieser bisher genannten Einrichtungen und Zustände ist „das Gesetz Mosis", speziell noch die Vorschriften über Sabbatfeier und kultische Reinheit. Das Motiv, die strenge Durchführung der Tora um jeden Preis zu erstreben, ist der Glaube, dass Gott den ihm hiedurch bewiesenen Gehorsam segnet, während alles Unglück der Vergangenheit und Gegenwart die unvermeidliche, sofort wirksame Strafe für die Nichtbefolgung der Tora bedeutet.

Das „Volk des Landes"; in der Zeit des Chronisten äussert sich die Gefahr, dass die Tora preisgegeben werde, einerseits in der direkten Anfeindung durch die samaritanische Partei, andererseits in der Neigung der Juden, trotz aller üblen Erfahrungen, sich mit den Aspirationen des „Volkes des Landes" gütlich abzufinden: in den Augen des Chronisten das Schlimmste, was geschehen könnte. Daher steht seine ganze geschichtliche Darstellung unter dem Gesichtspunkte, die Gefährlichkeit und Unmöglichkeit eines solchen Vorgehens in grellem Lichte zu schildern; diese Absicht gibt dem ganzen Werke den hervorstechendsten Zug.

Auch auf rein formellem Gebiete unterscheidet sich die Sprache des Chronisten durch gewisse Züge, wie sich aus folgender Übersicht ergibt.

1. „Kyros (Dareios, Artax.) König Persiens", Ezr. I, 1a, b, 2, 8; III, 7; IV, 3, 5a, b, 7; VII, 1; Neh. XII, 22.

2. „Ihm (= Jahve) zu bauen ein Haus zu Jerusalem, das in Judäa ist", Ezr. I, 2, 3a, b, 4, 5; II, 68; (IV, 24; V, 2, 16, 17; VI, 3, 12; VII, 15, 16, 17, 19).

3. „Die Häupter der Väter (in Juda und Benjamin)", Ezr. I,
5; II, 68; III, 12; IV, 2, 3; (VIII, 1, 29; X, 16).

4. „Wie geschrieben ist in der Tora (Mosis, des Mannes Gottes)",
Ezr. III, 2, 4; (VI, 18; Neh. VIII, 14); Neh. X, 34.

5. „Hallel und Dank für Jahve", Ezr. III, 10, 11a, b; (von
Priestern und Leviten).

6. „Dankgeschrei erheben", Ezr. III, 11, 12, 13; (vom Volke).

7. „Die Söhne der Gola", Ezr. IV, 1; (VI, 16); VI, 20; VIII,
35; X, (7), 16.

8. „Das Volk (die Völker) des Landes (der Länder)", Ezr. III,
3; IV, 4; (IX, 1, 2); X, 2, 11; Neh. X, 28, 30, 31.

9. „Der Gott des Himmels", Ezr. I, 2; (V, 11; VI, 10; VII,
12, 21, 23a, b; Neh. I, 4, 5; II, 4, 20).

10. „Gott, der seinen Namen wohnen liess", Ezr. I, 3; (VI, 12;
Neh. I, 9).

11. „Suchen nach dem Gott (Israels)", Ezr. IV, 2; VI, 21.

12. „Die (gütige) Hand Gottes über ihm", Ezr. VII, 6, 9, (28);
(VIII, 18, 22, 31); [Neh. II, 8, 18].

13. Die „Völker des Landes" sind: „Kanaaniter, Hittiter, Perizziter, Jebusiter, Ammoniter, Moabiter, Misriter, Edomiter",
Ezr. IX, 1; Neh. IX, 8; XIII, 1.

14. „Beobachten die Gebote und die Satzungen und die Zeugnisse"
(die Gott geboten durch die Hand Mosis seines Knechtes),
Ezr. VII, 10 (Satzung und Zeugnis), 11 (Gebote und Satzungen);
(Neh. I, 7); IX, 13, 14, 34; X, 30.

Nach Ausweis dieses Verzeichnisses ist nur ein Teil des
Vorgeführten individuelles Eigentum des Chronisten (1. 5. 6. 11.
13). Viel häufiger formt er seine Ausdruckweise nach den ihm
vorliegenden Quellen (aramäisches Dokument, Nehemia, Ezra), so
dass sich deutlich zeigt, wie er mit den Lieblingsideen seiner
Autoren auch deren Ausdrucksweisen uns überliefert. Aus dem
Verhältnis der Quellen unter sich folgt aber weiterhin, dass
man mit dem Bestehen einer Klasse von festgeprägten religiösen
und liturgischen Formeln schon in der Zeit eines Ezra und Nehemia rechnen muss, weil sich beide Autoren in ihren eigenen

Schriften solcher bedienen (siehe besonders 9. 10. 12); an solchen
hält dann auch der Chronist mit Vorliebe fest.

Für die Frage der Quellenscheidung bleibt also zu erwägen,
dass eine gewisse Konformität des Kompilators mit seinen Vorlagen[1]) einfach und zuverlässig begründet werden kann; andererseits geht aber auch klar hervor, dass das Vorkommen einer
Redensart, die beispielsweise dem Chronisten geläufig ist, in einem
andern Gebiete nicht ohne weiteres auf seine Rechnung gesetzt
werden darf.[2]) Der Chronist schliesst sich dem Ausdruck seiner
Vorlagen an und gebraucht manche Formeln deswegen häufig,
weil er sie häufig gelesen hat.

[1]) Die Ansicht Gigots: „Des Kompilators Stil steht in auffallendem
Gegensatz mit jenem der Originaldokumente überall da, wo er sich mit wörtlicher Wiedergabe begnügt" p. 334, bedarf hienach einer gewissen Einschränkung.

[2]) Wie es bei Guthe-Batten des öfteren geschieht.

CPSIA information can be obtained
at www.ICGtesting.com
Printed in the USA
BVHW04*1435250918
528446BV00010B/77/P